## 인생이 즐거워지고 비즈니스가 풍요로워지는
## 디지털콘텐츠그룹 교육 소개

디지털콘텐츠그룹은 2010년 4월 'SNS소통연구소'로 출발하여, AI와 디지털 복지를 기반으로 한 뉴미디어 교육을 선도해왔습니다. 스마트폰 활용, SNS 마케팅, 유튜브 크리에이터, 프레젠테이션, 컴퓨터 활용 등 디지털 전환 시대에 발맞춘 다양한 교육을 꾸준히 운영하며 변화하는 미디어 환경에 능동적으로 대응하고 있습니다.

특히 AI 챗GPT 전문지도사, 디지털복지사, 노코딩 AI 데이터 분석 지도사 등 첨단 기술을 접목한 자격 과정과 전문 교육을 통해 지금까지 약 5,900여 명의 스마트폰 활용지도사를 양성하였으며, 이는 디지털 소외 없는 사회 실현을 위한 중요한 기반이 되고 있습니다.

현재는 전국 61개 지부 및 지국을 중심으로 지역사회에 밀착한 맞춤형 교육과 컨설팅을 활발히 진행하며, 지역 균형 발전과 디지털 역량 강화에 기여하고 있습니다.

- **스마트폰 활용지도사 2급 및 1급 자격증**
  스마트폰 기본 활용부터 스마트폰 UCC, 스마트폰 카메라, 스마트워크, 스마트폰 마케팅 교육 등 스마트폰 전문 강사를 양성하고 있습니다.

- **유튜브 크리에이터 전문지도사 2급 및 1급 자격증**
  유튜브 기본 활용부터 실전 유튜브 마케팅까지 실질적으로 도움이 되고 돈이 되는 교육을 실시하고 있습니다.

- **SNS마케팅 전문지도사 2급 및 1급 자격증**
  다양한 SNS채널을 활용해서 고객을 유혹하고 매출을 증대시킬 수 있는 실전 노하우와 SNS마케팅 효과를 극대화하기 위한 광고 전략을 구축할 수 있는 노하우에 대해서 교육을 진행 하고 있습니다.

- **디지털문해교육 전문지도사 2급 및 1급 자격증**
  초등학교부터 대기업 임원을 포함한 퇴직 예정자들까지 디지털 기술 활용에 대한 교육을 진행할 수 있도록 디지털문해교육 전문지도사가 교육하고 있습니다.

- **디지털범죄예방 전문지도사 2급 및 1급 자격증**
  4차 산업혁명시대! 디지털리터러시 시대에 청소년부터 성인들에게 이르기까지 각종 디지털범죄로 인해 입을 피해를 방지하고자 교육합니다.

- **AI 챗GPT 전문지도사 2급 및 1급 자격증**
  디지털 대전환시대에 누구나 배우고 익혀야 할 AI챗GPT 각 분야별 전문 강사를 양성하고 있습니다.

- **AI 활용 전문지도사 2급 및 1급 자격증**
  AI 교육 및 응용 지원, 데이터 분석과 AI 모델 개발을 목적으로 등급에 따라 기초부터 고급 AI 교육을 제공하며, AI 프로젝트의 설계와 관리, AI 윤리와 법률 관련 교육을 제공하고, 기업을 위한 AI 전략 기획 및 컨설팅을 수행합니다.

- **노코딩 AI 데이터분석 전문지도사 2급 및 1급 자격증**
  인공지능(AI)과 빅데이터의 핵심 개념과 기술을 토대로 데이터 리터러시 교육을 전문적으로 수행할 수 있는 지도자를 양성하고 데이터 분석 및 AI 기술의 활용 능력을 겸비한 전문가를 배출하여 다양한 교육 및 컨설팅 업무를 수행합니다.

**교육 문의**  Tel. 02-747-3265 / 010-9967-6654    이메일 : snsforyou@gmail.com

# 디지털콘텐츠그룹 주요 사업 콘텐츠

## 디지털 콘텐츠 및 마케팅 교육 (일반 교육 및 자격증 교육 포함)

- 스마트폰활용지도사
- SNS마케팅전문지도사
- 스마트워크전문지도사
- 유튜브크리에이터전문지도사
- 프리젠테이션전문지도사
- 컴퓨터활용전문지도사

- 디지털범죄예방전문지도사
- AI챗GPT활용전문지도사
- AI활용전문지도사
- 노코딩AI데이터분석전문지도사
- 디지털과의존예방전문지도사
- 액티브시니어AI리터러시전문가

※ 이 외 다양한 디지털 콘텐츠 분야 교육 가능

###  디지털콘텐츠그룹 지부 및 지국 활성화

- 2010년 4월부터 교육을 시작한 디지털콘텐츠그룹은 현재 전국에 62개의 지부 및 지국을 운영 중

###  스마트폰 활용지도사
(국내 최초! 국내 최고!)

- 2014년 10월 스마트폰 활용지도사 민간 자격증 취득
- 2급과 1급 과정을 운영 중이며 현재 5,900여 명 이상 지도사 양성

###  실전에 필요한 전문 교육
(다양한 분야 실전 교육 중심)

- 일반 강사들에게도 꼭 필요한 전문 교육을 실시함
  (SNS마케팅, 스마트워크, 프리젠테이션, AI 교육 등)

### 디지털콘텐츠그룹 출판사

- 2011년 11월부터 'SNS소통연구소'를 시작으로 출판사 운영
- 스마트폰 활용 및 SNS마케팅 관련된 책 60권 출판
- 강사들에게 필요한 다양한 분야의 책을 출간 진행 중

**교육문의** (주)디지털콘텐츠그룹 (직통전화)
02-747-3265 / 010-9967-6654

# 국내 최초! 국내 최고!
## 스마트폰 강사 자격증

● **스마트폰 활용지도사 자격증에 대해서 아시나요?**
과학기술정보통신부가 검증하고 한국직업능력개발원이 관리하는 스마트폰 자격증 취득에 관심 있으신 분들은 살펴보세요.

### 상담 문의
이종구 010-9967-6654
E-mail : snsforyou@gmail.com
카톡 ID : snsforyou

## 스마트폰 활용지도사 1급
● **해당 등급의 직무내용**
초/중/고/대학생 및 성인 남녀노소 누구에게나 스마트폰 활용 및 SNS 기본 교육을 실시할 수 있습니다. 또한 개인이나 소기업이 브랜드 전략을 구축하는 데 필요한 모바일 마케팅 전략 수립 교육도 수행할 수 있으며, 특히 적은 비용으로 효과적인 브랜딩과 마케팅을 실현할 수 있는 실무 중심의 교육을 진행할 수 있습니다.

## 스마트폰 활용지도사 2급
● **해당 등급의 직무내용**
시니어 실버분들에게 스마트폰 활용교육을 실시할 수 있습니다. 개인 및 소기업이 모바일 마케팅 전략을 수립하는 데 필요한 기초 교육을 제공하며, 1인 기업이나 소기업이 스마트워크 시스템을 구축할 수 있도록 기초적인 제반 사항을 안내하고 교육할 수 있습니다.

- **시험 일시** : 매월 둘째 주, 넷째 주 일요일 5시부터 6시까지 1시간
- **시험 과목** : 2급 – 스마트폰 활용 분야 / 1급 – 스마트폰 SNS마케팅
- **합격점수**
  1급-80점 이상(총 50문제 각 2점씩, 100점 만점에 80점 이상)
  2급-80점 이상(총 50문제 각 2점씩, 100점 만점에 80점 이상)

### 시험대비 공부방법
1. 스마트폰 활용지도사 2급 교재 구입 후 공부하기
2. 정규수업 참여해서 공부하기
3. 유튜브에서 [ 스마트폰 활용지도사 ] 채널 검색 후 관련 영상 시청하기

### 시험대비 교육일정
1. 매월 정규 교육을 디지털콘텐츠그룹 전국 지부에서 실시하고 있습니다.
2. 스마트폰 활용지도사 디지털콘텐츠그룹 블로그 (blog.naver.com/urisesang71) 참고하기
3. 디지털콘텐츠그룹 사이트 참조(digitalcontentgroup.com)
4. NAVER 검색창에 (디지털콘텐츠그룹)라고 검색하세요!

| 시험 응시료 : 3만원
| 자격증 발급비 : 7만원

- 종이 자격증 및 우단 케이스 제공
- 스마트폰 활용지도사 강의자료 제공비 포함

### 스마트폰 활용지도사 자격증 취득 시 혜택
1. 디지털콘텐츠평생교육원 스마트폰 활용 교육 강사 위촉
2. 디지털콘텐츠그룹 스마트폰 활용 교육 강사 위촉
3. 스마트 소통 봉사단에서 교육받을 수 있는 자격부여
4. SNS 및 스마트폰 관련 자료 공유
5. 매월 1회 세미나 참여 (정보공유가 목적)
6. 향후 일정 수준이 도달하면 기업제 및 단체 출강 가능
7. 매년 상반기 하반기 전국 워크샵 참여 가능
8. 그 외 다양한 혜택 수여

## 디지털복지사, 사람과 기술을 잇다

### 한눈에 보는 디지털복지사 3급·2급·1급 완벽 정리

디지털복지사는 디지털 격차 해소와 정보 소외계층 지원을 위해 등장한 새로운 전문 직업입니다.
이 자격증은 3급(입문형), 2급(실무형), 1급(전문가형)으로 구성되어 있으며,
단계별로 교육 내용과 역할이 달라져 디지털 복지 전문가로 성장할 수 있도록 구성되어 있습니다.

### 1 디지털복지사 단계별 가이드

| 구분 | 대상 | 교육 내용 및 역량 | 진출 분야 |
|---|---|---|---|
| 3급<br>(입문형) | 디지털 기기 사용이 익숙하지 않은 시니어, 복지관 활동가, 디지털 초보자 | 스마트폰·앱 기초, 인터넷 검색, 개인정보 보호, 디지털 문해력 향상 | 시니어 교육 초급 강사, 복지센터 실무자, 지역 봉사단 |
| 2급<br>(실무형) | 평생교육·복지·지자체·기업 현장 실무자 및 강사 | SNS 마케팅, 스마트워크, 교육 콘텐츠 제작, 디지털 범죄 예방 | 평생교육센터, 복지관, 기업 디지털 강사, 컨설팅 |
| 1급<br>(전문가형) | 공공기관 교육운영자, 교육기획자, 정책입안자, 디지털 컨설턴트 | AI·챗GPT 활용, 데이터 분석, 정책 설계, 고급 컨설팅 | 공공기관 위탁교육, 정책기획, 고급 컨설팅, 기업연수 |

- 각 급수는 실무 중심의 교육과 평가를 통해 현장에 즉시 투입 가능한 실전형 전문가를 양성합니다.
- 3급은 기초 역량, 2급은 실무 및 응용, 1급은 정책 설계와 고급 컨설팅까지 단계적으로 전문성을 강화합니다.

## 2 디지털복지사의 주요 역할과 역량

**디지털 교육**
취약계층 대상 맞춤형 디지털 역량 교육

**디지털 지원**
서비스 접근성과 생활기술 지원

**세대 연결**
세대 간 소통 및 소외감 해소

**정책 제안**
데이터 기반 정책 개발 및 제도 개선

## 3 디지털복지사와 전통 사회복지사의 차이

| 구분 | 디지털복지사 | 전통 사회복지사 |
| --- | --- | --- |
| 핵심 초점 | 기술 기반 복지, 디지털 격차 해소 전문 | 종합적 생활지원, 상담, 자원 연계 |
| 교육/실습 | 디지털 기술·AI 실습 교육 및 데이터 분석 전문 | 상담·지원·서비스 연계 중심 |
| 활동 영역 | 공공·민간·기업 전방위 활동, 글로벌 확장 가능 | 복지관, 시설, 공공기관 등 제도권 중심 |
| 사회적 역할 | 세대 연결 강화, 디지털 포용성 증진 | 대인관계 중심, 전통적 복지서비스 제공 |

**디지털복지사**는 단순히 기술을 가르치는 것을 넘어, 기술과 사람을 연결하고, 정보 소외계층의 자립을 돕는 '테크 기반 복지 전문가' 입니다. 반면, **사회복지사**는 심리·정서적 지원과 자원 연계에 더 중점을 둡니다.

## 4 미래 사회에서 디지털복지사의 중요성과 전망

**디지털 격차 해소의 핵심 전문가**
디지털 역량과 정보 접근성 강화

**공공·민간 협력 및 글로벌 확장성**
정부, 기업 ESG 전략과 연계한 확장 가능성

**사회적 가치 창출**
세대 연결, 지역사회 디지털 포용성 확대

**국가자격증 전환 가능성**
세대 연결, 지역사회 디지털 포용성 확대

**신규 일자리 창출 및 산업 성장**
새 일자리 창출 및 디지털 컨설팅 산업 확대

**데이터 및 AI 기반 복지서비스 확대**
취약계층 맞춤 지원, 복지 서비스의 효율성

**문의** (주)디지털콘텐츠그룹 | 서울시 종로구 대학로12길 63 | Tel. **02-747-3265**

민간자격 등록번호: 제 2025-003089호

# Ai 챗GPT 전문지도사

**2급 / 1급**

**Ai챗GPT 전문지도사 시험**
매월 첫째, 셋째 일요일
오후 5시~6시까지

**Ai 챗GPT 전문지도사**가
일의 효율성과 효과성을 극대화 시키는데
도움을 드릴 수 있습니다!

## Ai 챗GPT 전문지도사 2급 및 1급

- ☑ **자격의 종류 :** 등록 민간자격
- ☑ **등록번호 :** 560-86-03177
- ☑ **자격 발급 기관 :** (주)디지털콘텐츠그룹
- ☑ **총 비용 :** 100,000원
- ☑ **환불 규정**
  - 접수 마감 전까지 100% 환불 가능(시험일자 기준 7일전)
  - 검정 당일 취소 시 30% 공제 후 환불 가능

**시험 문의**
(주)디지털콘텐츠그룹 (Tel. 02-747-3265)

디지털콘텐츠그룹
# 자격증 교육 교재 리스트

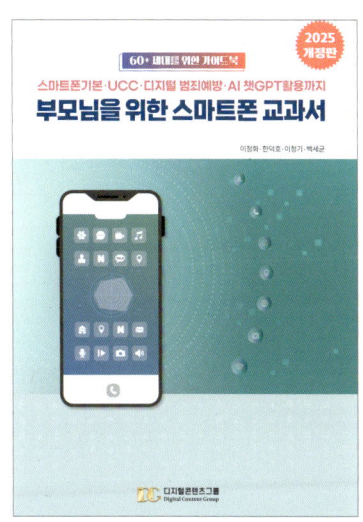

**부모님을 위한 스마트폰 교과서
(2025 개정판)**
60+세대를 위한 가이드북

**어르신들을 위한 스마트폰 기초 교실
(2025 개정증보판)**
스마트폰 기초부터 기본 UCC 활용 책

**디지털 대전환 시대에 꼭 필요한 디지털
문해 교육의 정석(定石)**
디지털문해교육 전문지도사 1급 교재

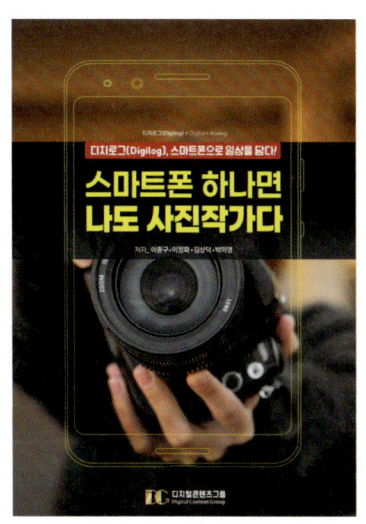

**스마트폰 하나면 나도 사진작가다**
스마트폰 카메라 기초부터 활용까지

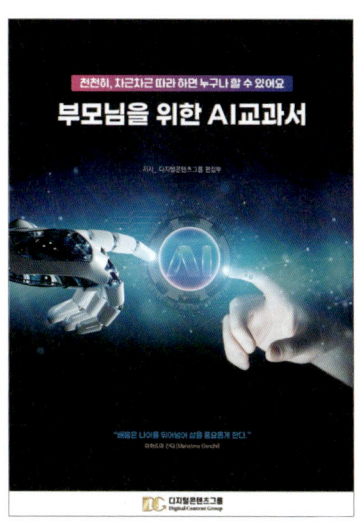

**부모님을 위한 AI교과서**
초보자를 위한 AI 입문서

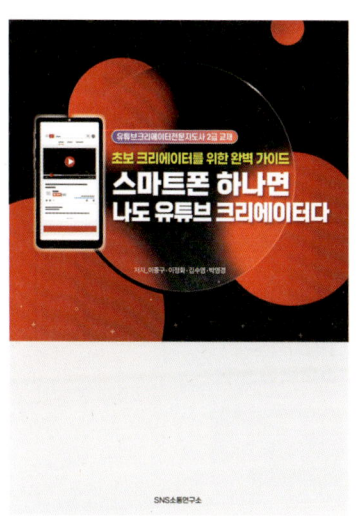

**스마트폰 하나면
나도 유튜브 크리에이터다**
유튜브크리에이터전문지도사 2급 교재

# 디지털콘텐츠그룹
## (2025년도 7월 기준) 출판 리스트 60권

     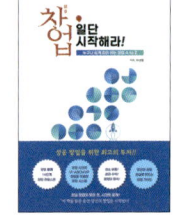

디지털콘텐츠그룹
# 전국 지부 및 지국

## 서울 (지부장-이종구)

| 강남구 (지국장-최영하) | 강동구 (지국장-윤진숙) | 강북구 (지국장-백세균) | 강서구 (지국장-문정임) | 관악구 (지국장-손희주) |
| --- | --- | --- | --- | --- |
| 광진구 (지국장-최혁희) | 금천구 (지국장-김명선) | 동대문구 (지국장-조재일) | 동작구 (지국장-최상국) | 영등포구 (지국장-김은정) |
| 마포구 (지국장-김용금) | 서초구 (지국장-조유진) | 송파구 (지국장-문윤영) | 양천구 (지국장-송지열) | 중구 (지국장-유화순) |
| 종로구 (지국장-조선아) | | | | |

## 경기북부 (지부장-이종구)

| 의정부 (지국장-한경희) | 양주시 (지국장-오지성) | 동두천/포천 (지국장-김상기) | 구리 (지국장-김용희) | 남양주시 (지국장-정덕모) | 고양시 (지국장-백종우) |
| --- | --- | --- | --- | --- | --- |

## 경기동부 (지부장-이종구)

성남시 (지국장-김지태)

## 경기서부 (지부장-이종구)

| 시흥시 (지국장-윤정인) | 부천시 (지국장-김남심) | 안산시 (지국장-권택현) |
| --- | --- | --- |

## 경기남부 (지부장-이종구)

| 수원 (지국장-권미용) | 이천/여주 (지국장-김찬곤) | 평택시 (지국장-임계선) | 화성시 (지국장-한금화) |
| --- | --- | --- | --- |

## 강원도 (지부장-장해영)

강릉시 (지국장-임선강)

## 인천광역시 (지부장-이종구)

| 서구 (지국장-어현경) | 부평구 (지국장-최신만) | 중구 (지국장-조미영) | 계양구 (지국장-전혜정) | 연수구 (지국장-조예윤) |
| --- | --- | --- | --- | --- |

## 충청북도 (지부장-김은경)

## 충청남도 (지부장-이종구)

| 청양/아산 (지국장-김경태) | 금산/논산 (지국장-부성아) | 천안시 (지국장-김숙) | 홍성/예산 (지국장-김월선) |
| --- | --- | --- | --- |

## 대구광역시 (지부장-임진영)

## 대전광역시 (지부장-유정화)

중구/유성구 (지국장-조대연)

## 경상북도 (지부장-남호정)

| 고령군 (지국장-김은숙) | 경주 (지국장-박은숙) |
| --- | --- |

## 광주광역시 (지부장-이종구)

북구 (지국장-김인숙)

## 울산광역시 (지부장-김상덕)

| 동구 (지국장-김상수) | 남구 (지국장-박인완) | 중구 (지국장-장동희) | 북구 (지국장-이성일) |
| --- | --- | --- | --- |

## 부산광역시 (지부장-손미연)

| 사상구 (지국장-박소순) | 해운대구 (지국장-배재기) | 기장군 (지국장-배재기) | 연제구 (지국장-조환철) | 부산진구 (지국장-김채완) | 북구 (지국장-황연주) |
| --- | --- | --- | --- | --- | --- |

## 제주도 (지부장-여원식)

# Contents

## 음성으로 문자 메시지 보내기
1. 카카오톡에서 음성으로 텍스트 메시지 보내기 ①　　　　　　　12
2. 카카오톡에서 음성으로 메시지 보내기 ②　　　　　　　　　13
3. 음성 아이콘 찾아보기　　　　　　　　　　　　　　　　　　15

## 스마트폰 저장공간 관리하기
1. 카카오톡 설정에서 저장공간 확보하기　　　　　　　　　　　16
2. 위젯을 활용한 저장 공간 확보하기　　　　　　　　　　　　18
3. 스마트폰 기기 최적화 하기　　　　　　　　　　　　　　　　19
4. 구글 플레이스토어 앱 관리에서 저장공간 확보하기　　　　　20

## PC에서 음성으로 텍스트 입력하기
1. 구글 닥스 활용하여 음성으로 입력하기　　　　　　　　　　22
2. 메모장 활용하여 음성으로 문자 입력하기 (Window 11 버전 기준)　24
3. 한글(hwp) 활용하여 음성으로 입력하기　　　　　　　　　　26

## 크롬브라우저 제대로 활용하기
● 구글 번역(Google Translate)
　① 이미지로 번역하기 – 파일 탐색 사용　　　　　　　　　　28
　② 문서 번역하기　　　　　　　　　　　　　　　　　　　　29

## 확장프로그램 활용하기
● AdBlock(Advertisement + Block)
　① 신문기사 광고 없이 보기　　　　　　　　　　　　　　　　33
　② 유튜브 광고없이 보기　　　　　　　　　　　　　　　　　36
　③ Drag Free – 우클릭 잠금 해제　　　　　　　　　　　　　38

각 주제별 우측 상단에 **QR코드**가 있습니다.
QR코드를 스캔하시면 해당 주제의 강의를 시청할 수 있습니다.

## AI 제대로 활용하기

### ● ChatGPT

| | |
|---|---|
| 1. AI 쉽게 이해하기 | 48 |
| 2. AI 장점과 단점, 유료와 무료 차이 | 49 |

## AI 챗GPT를 제대로 활용하는 실전 프롬프트 작성법

### ● 로·고·타·루·톤 구조로 쉽게 배우는 챗GPT 명령어 전략

| | |
|---|---|
| 1. '프롬프트'는 왜 중요한가? | 51 |
| 2. 프롬프트의 5요소 : 로·고·타·루·톤 | 51 |
| 3. 과학적으로 검증된 기법과 '로고타루톤'의 결합 | 52 |
| 4. 실제 효과 : 연구로 증명된 프롬프트 기법들 | 53 |
| 5. 감정 프롬프트를 활용하라 | 54 |
| 6. 예시로 배우는 실전 프롬프트 작성 | 54 |
| 7. 결론 : 질문이 곧 실력이다 | 55 |

### ● AI 챗GPT 고급음성 시작하기 — 56

### ● Gemini (제미나이)

| | |
|---|---|
| 1. Gemini 설치하기 | 59 |
| 2. Gemini 설정하기 | 60 |
| 3. 카메라 사용/문자로 질문하기 | 61 |
| 4. 갤러리 사진/음성으로 질문하기 | 62 |
| 5. 라이브로 Gemini와 대화하기 | 63 |
| 6. Gems(젬스) 기능 사용하기 | 64 |

## 릴리스(Lilys) - 유튜브 및 사이트 요약하기 — 65

## AI 추천 사이트 — 67

## 음성으로 문자 메시지 보내기

### 🗨 음성으로 문자 메시지 보내기

**1** 카카오톡에서 음성으로 텍스트 메시지 보내기 ❶

**1** ① 카카오톡 하단 [ 채팅 ]을 누른 후 대화 상대를 선택합니다.
**2** ② 채팅 대화방 아래쪽의 [ 입력란 ]을 터치합니다.
**3** ③ 키보드 하단의 [ 마이크 ]를 터치합니다.

**1** ④ [ 마이크 ]가 파랗게 활성화될 때 보내고 싶은 메시지를 말합니다. ⑤ 음성이 정확하지 않으면 오타가 있을 수 있습니다. **2** ⑥ 오타가 있는 곳을 터치하고 ⑦ [ 내용 ]을 수정합니다.
**3** ⑧ 메시지 내용을 확인 후 [ 보내기 ]를 터치합니다.

## 2 카카오톡에서 음성으로 메시지 보내기 ❷

1️⃣ 대화창에서 좌측 [ + ] 표시를 터치합니다. 2️⃣ 여러 가지 아이콘이 나타나는 걸 볼 수 있는데 이 화면에서 [ 음성메시지 ]가 보이지 않으면 우측 꺾쇠 표시 [ 〉 ]를 터치합니다.
3️⃣ [ 음성메시지 ] 아이콘을 터치합니다.

1️⃣ [ 녹음버튼 : 동그라미 ]을 터치하면 음성메시지 창이 열립니다. ②[ 간편녹음 버튼 사용 ]을 터치해서 활성화 하면 ③ 채팅창 하단의 + 표시 우측에 간편녹음 버튼 아이콘이 생겨 음성메시지를 간편하게 보낼 수 있습니다.
2️⃣ 음성녹음 후 [ 녹음종료 : 네모 ]를 터치 하고 3️⃣ [ 보내기 ] 버튼을 터치합니다.

# 음성으로 문자 메시지 보내기

1 [ 새로고침 : 동그란 화살표 ] 버튼을 터치하여 새 메시지를 녹음할 수 있습니다.

2 음성메시지가 전송된 것을 확인 할 수 있습니다. 마이크 모양은 [ 간편녹음 ] 활성화 된 모양입니다.

## 3 음성 아이콘 찾아보기

① 삼성 One UI 5.1버전은 자판 막대바위에 [ 음성 아이콘 ]이 보입니다. ② 삼성 One UI 6.1버전은 자판 좌측하단에 보입니다. 만약에 마이크가 안보이고 [ 키보드 자판 ]처럼 보이는 아이콘이 보일 경우, 꾸욱 누르게 되면 [ 키보드 버튼 변경 ] 메뉴가 보여지는데 [ 음성 입력 ]을 선택해서 사용하시면 됩니다. ③ LG 스마트폰의 경우 우측 하단에 [ 설정(톱니바퀴 아이콘) ]을 꾸욱 누르면 마이크가 보여집니다.

① 아이폰의 경우 좌측 하단에 마이크가 보여집니다. ② 삼성 스마트폰을 사용하는 분들중에 마이크가 간혹 안보이는 경우가 있는데 마이크를 보이게 하려면 자판 막대바 위에 [ 설정(톱니바퀴) ]를 꾸욱 누릅니다. ③ 삼성 키보드 설정화면 하단에 [ 설정 초기화 ]를 꾸욱 눌러서 [ 키보드 설정 초기화 ] 메뉴를 터치해서 초기화 하시면 마이크가 보이게 됩니다.

## 스마트폰 저장공간 관리하기

### 1 카카오톡 설정에서 저장공간 확보하기

1 카카오톡 채팅 화면 우측 상단 ① [ 설정(톱니바퀴 아이콘) ]을 터치한 후 ② [ 전체 설정 ]을 터치합니다.
2 ① 카카오톡 설정 화면이 보이고 맨 하단에 ② [ 앱 관리 ]를 터치합니다.
3 앱 관리 화면이 보이고 [ 저장 공간 관리 ]를 터치합니다.

1 [ 미디어 데이터 모두 삭제 ]를 터치하면 카카오톡에서 주고 받은 파일들을 한번에 모두 삭제할 수 있지만 다운로드 받지 않은 이미지 및 동영상 데이터는 2-3개월 이전 항목은 보이지 않을 수 있습니다.
2 데이터 삭제를 위해 채팅방 1개를 선택합니다. 3 [ 사진 데이터 삭제 ]를 터치하면 데이터를 한번에 모두 삭제할 수 있습니다. 중요한 데이터는 미리 다운로드 받아 놓는 것이 좋습니다.

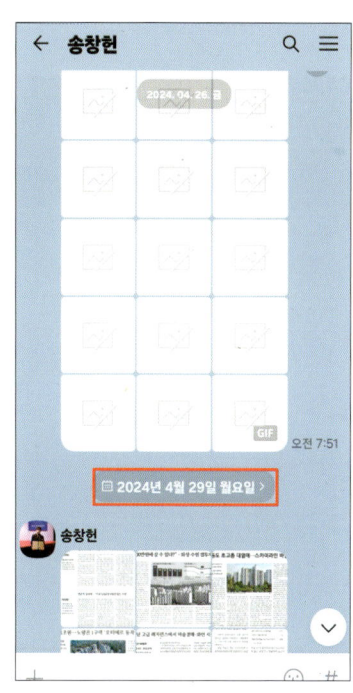

❶ 사진 데이터 삭제를 선택하시면 바로 삭제가 되는데 데이터 저장 기간은 카카오톡 고객센터에서 확인하면 [ 임시 저장 기간은 시스템의 부하와 성능을 고려하여 수시로 변경되기 때문에 정확한 안내가 어렵다고 합니다. ] ❷ 채팅방에서 개별적으로 데이터를 삭제할 수 있습니다. ❸ 데이터 삭제를 하게 되면 2-3개월 전 데이터는 보이지 않습니다.

❶ 채팅방 우측 상단에 [ 3선 아이콘 ]을 터치합니다. ❷ 우측 하단에 [ 설정(톱니바퀴 아이콘) ]을 터치합니다. ❸ 채팅방 설정 메뉴 하단에 [ 채팅방 데이터 관리 ] 메뉴를 터치하시면 채팅방에서 상대방과 주고받은 이미지, 동영상, 음성 파일 데이터를 삭제할 수 있습니다. 앞에서도 언급했지만 중요한 데이터는 미리 다운로드 받아 놓는 것이 좋습니다.

# 스마트폰 저장공간 관리하기

## 2 위젯을 활용한 저장 공간 확보하기

1 [ 홈화면 ] 빈 곳을 길게 누르거나, 화면을 꼬집어 줍니다.
2 하단 [ 위젯 ]을 터치합니다.  3 [ 디바이스 케어 ]를 터치합니다.

1 [ 디바이스 케어 ]에서 [ 최적화 1x1 ], [ 저장 공간 관리 및 최적화 4x1 ] 2개의 종류 중 [ 최적화 1x1 ]을 손가락으로 길게 누르면 홈 화면에 설치됩니다.
2 홈 화면에 설치된 [ 최적화 ]를 길게 눌러줍니다.
3 최적화 [ 설정 ]을 터치합니다.

**1** [ 설정 ]에서 위젯 바탕색을 흰색에서 검은색으로 바꿉니다. **2** [ 설정 ]에서 위젯 바탕색을 검은색으로 터치하고 [ 저장 ]합니다. **3** ① [ 최적화 ] 위젯을 터치합니다. ② [ 휴대전화를 최적화했습니다 ]

## 3 스마트폰 기기 최적화 하기

**1** 홈화면의 [ 알림줄 ] - [ 설정 ]을 터치 ① 설정이 나오면 ② [ 디바이스 케어 ]를 터치합니다.
**2** 스마트폰을 최적화하기 위해 [ 지금 최적화 ]를 터치합니다.
**3** 최적화 작업이 끝나면 [ 완료 ]를 터치합니다.

# 스마트폰 저장공간 관리하기

## 4 구글 플레이스토어 앱 관리에서 저장공간 확보하기

1 ① [ Play 스토어 ] 앱을 터치합니다.
2 ② 우측 상단 [ 프로필 ]을 터치합니다.
3 ③ [ 앱 및 기기 관리 ]를 터치합니다.

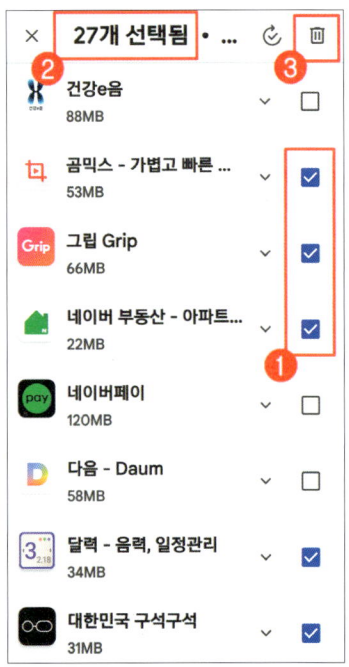

1 관리 탭 에서 [ 삼선 ]을 터치합니다.  2 정렬 기준에서 [ 적게 사용하는 앱순 ]을 선택합니다.
3 ① 사용하지 않는 앱들을 선택[ ✔ ] 체크합니다. ② 삭제할 앱 이 27개 선택되었습니다.
　　③ 우측 상단에 있는 [ 휴지통 ]을 터치합니다.

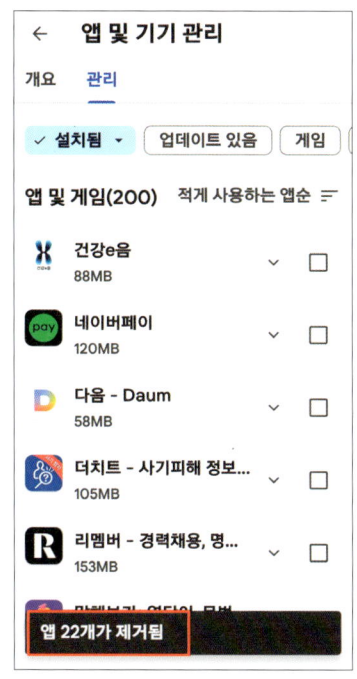

> **⊕ Tip**
>
> 앱을 삭제하거나 사용 중지한 경우, 휴대 전화에서 다시 추가할 수 있습니다.
> 플레이스토어 우측 상단 [ 프로필 ] 〉[ 앱 및 기기 관리 ] 〉 관리 탭에서 '설치됨' 옆에 목록 단추 [ ▼ ] 터치 〉 [ 설치되지 않음 ] 터치 〉 설치할 앱 체크 [ ✓ ] 합니다. 〉 상단에 다운로드 [ ⬇ ]를 터치하면 앱이 다시 설치됩니다.

**1** [ 선택한 앱을 제거하시겠습니까? ]에서 [ 제거 ]를 터치합니다.
**2** [ 앱 22개가 제거됨 ]으로써 저장 공간이 확보되었습니다.

**1** ① [ Play스토어 ]를 터치합니다. ② 앱 정보[ ⓘ ]를 터치합니다.
**2** [ 저장 공간 ]을 터치합니다.
**3** [ 캐시 삭제 ]를 터치합니다.

# PC에서 음성으로 텍스트 입력하기

## PC에서 음성으로 텍스트 입력하기

### 1 구글 닥스 활용하여 음성으로 입력하기

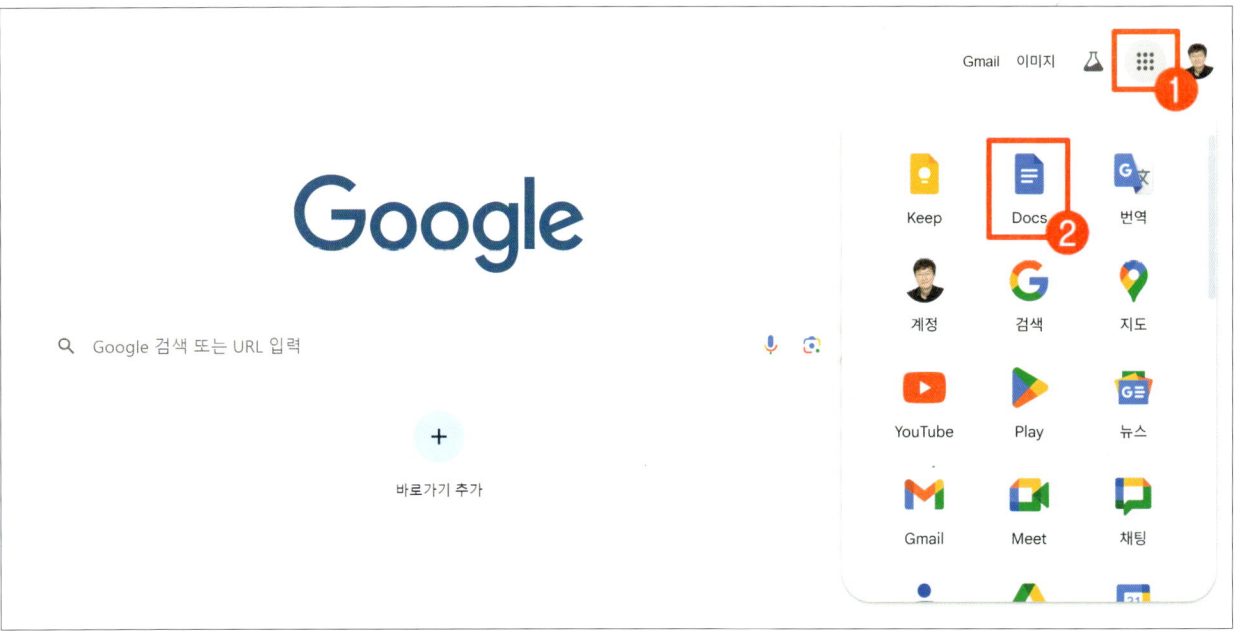

① [ 구글 홈페이지 ] 메인 화면 오른쪽 위를 보면 점 9개가 모여 있는 [ 네모 아이콘 ]이 있습니다. 이 아이콘을 클릭하면 여러 가지 구글 서비스가 나옵니다.

② 메뉴가 열리면 파란색 문서 모양 아이콘과 함께 [ Docs ]라는 항목이 보입니다. 이 아이콘을 클릭하면 구글 닥스가 열립니다.

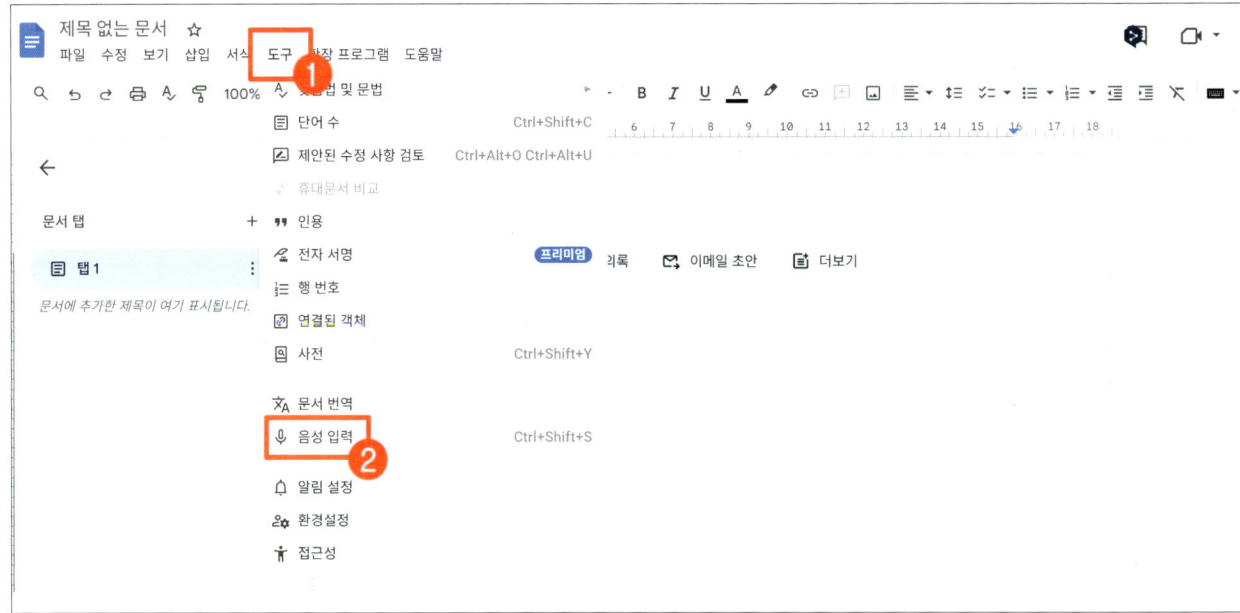

① 구글 닥스 화면 상단에 있는 메뉴에서 [ 도구 ]를 클릭합니다.

② [ 도구 ]메뉴를 누르면 여러 항목이 나타납니다. 이 중에서 마이크 아이콘이 있는 [ 음성입력 ]을 클릭합니다.

이제 음성으로 글을 입력해 보겠습니다.

왼쪽에 보이는 작은 창에는 마이크 그림이 크게 보입니다. 그 아래에는 [ 말하려면 클릭하세요 ]라는 안내 문구가 있습니다.

이 창이 나타났다는 것은, 컴퓨터가 지금 사용자의 말을 들을 준비가 됐다는 뜻입니다.

마이크 아이콘을 클릭하면 빨간색으로 바뀌고, 말한 내용이 자동으로 문서에 입력됩니다.
말이 끝나면 다시 클릭해서 꺼야 다른 소리가 안 들어갑니다.

### [ 음성 입력 팁 ]

● 또박또박 말할수록 잘 인식됩니다.

● 쉼표, 마침표 같은 기호는 말로 직접 말해야 입력됩니다.
  예: "마침표"라고 말하면 [ . ]으로 입력됩니다.

### [ 마이크 입력이 안 될 때 확인할 점 ]

● 설정에서 마이크 사용을 허용했는지 확인하세요.
  – 화면 상단 [ 점 3개 ] 아이콘을 클릭하여 [ 설정 ]에 들어갈 수 있습니다.
  – [ 사이트 설정 ]을 클릭하여 들어가면 마이크 사용 허용 확인 할 수 있습니다.

● 마이크가 컴퓨터에 제대로 연결됐는지도 확인합니다.

# PC에서 음성으로 텍스트 입력하기

## 2 메모장 활용하여 음성으로 문자 입력하기 (Window 11 버전 기준)

메모장 활용하여 문자를 입력하기 위해서는 윈도우 화면 왼쪽 아래에 있는 [ 시작 버튼(■) ]을 클릭하세요. 열리는 메뉴에서 [ 메모장 ] 아이콘을 찾아 한 번만 클릭해 주세요. 그러면 흰 바탕의 빈 메모장 화면이 나타납니다.

위 이미지는 메모장 실행 중 [ Windows 키 + H ]를 눌렀을 때 나타나는 화면입니다.

화면 오른쪽 또는 왼쪽에 나타나는 작은 창은 음성 입력 인터페이스로, 마이크 아이콘을 클릭하거나 단축키를 누르면 음성을 텍스트로 변환하여 입력할 수 있습니다.

음성 입력 기능을 활용하면 키보드 없이도 손쉽게 문서를 작성할 수 있습니다.
위 화면은 사용자가 음성으로 텍스트를 입력하는 장면을 보여줍니다. 하단 오른쪽에 표시된 음성 입력 창에는 [ 듣는 중... ]이라는 메시지와 함께 파란색 마이크 아이콘이 활성화되어 있으며, 이는 시스템이 사용자의 말을 실시간으로 인식하고 있다는 의미입니다.
음성 입력을 중지하고자 할 때는 파란색 마이크 버튼을 클릭하면 됩니다. 다시 음성 입력을 시작하려면 마이크 버튼을 다시 누르거나, 지정된 단축키(Windows + H)를 사용하면 됩니다.

설정 아이콘(톱니바퀴)을 통해 인식 언어 및 기능을 조정할 수 있으며, 도움말 버튼(물음표)을 통해 사용법을 자세히 확인할 수 있습니다.

### [ Windows 10 vs 11 음성 입력 차이 ]

- 두 버전 모두 [ Windows 키 + H ] 단축키로 음성 입력을 시작할 수 있습니다.
- 윈도우 11은 Azure 기반 온라인 음성 인식을 사용해 더 정확하고 빠릅니다.
- 윈도우 10은 기본 음성 인식 기능을 사용하며, 기능 업데이트가 상대적으로 적습니다.
- 인터넷 연결이 필수라는 점은 두 버전 모두 동일합니다.
- 윈도우 11은 텍스트 편집 명령(예: "단어 삭제") 등을 더 유연하게 지원합니다.
- 음성 명령 종류와 정교함은 윈도우 11이 더 다양하고 정확합니다.
- 윈도우 10은 음성 명령이 비교적 제한적이고 영어 중심입니다.
- 두 버전 모두 터치 키보드의 마이크 버튼을 통해서도 입력을 시작할 수 있습니다.
- 문장 부호와 기호 입력, 대소문자 설정 등 고급 기능은 윈도우 11에서 좀 더 자연스럽게 작동합니다.

# PC에서 음성으로 텍스트 입력하기

## 3 한글(hwp) 활용하여 음성으로 입력하기

한컴오피스 한글에서 음성으로 글을 입력하고 싶다면, 먼저 상단 메뉴에서 [ 도구 ] 탭을 클릭해야 합니다. 이곳을 클릭하면 여러 도구 목록이 펼쳐지며, '음성 입력' 기능도 이 메뉴 안에 포함되어 있습니다.

① 상단 메뉴에서 [ 도구 ]를 클릭한 후, 펼쳐지는 목록에서 [ 글자판 ] 항목을 찾아 선택합니다.
② 이어서 나타나는 하위 메뉴에서 [ 글자판 바꾸기 ]를 클릭하여 음성 입력 기능을 활성화할 수 있는 설정 창으로 이동합니다.

'글자판 바꾸기' 설정 창이 열리면, 목록에서 [ 윈도우 입력기 ]를 선택합니다.

이 설정을 적용하면 마이크를 통해 음성을 텍스트로 입력할 수 있습니다.

설정을 완료한 후에는 반드시 [ 확인 ] 버튼을 눌러 적용하세요.

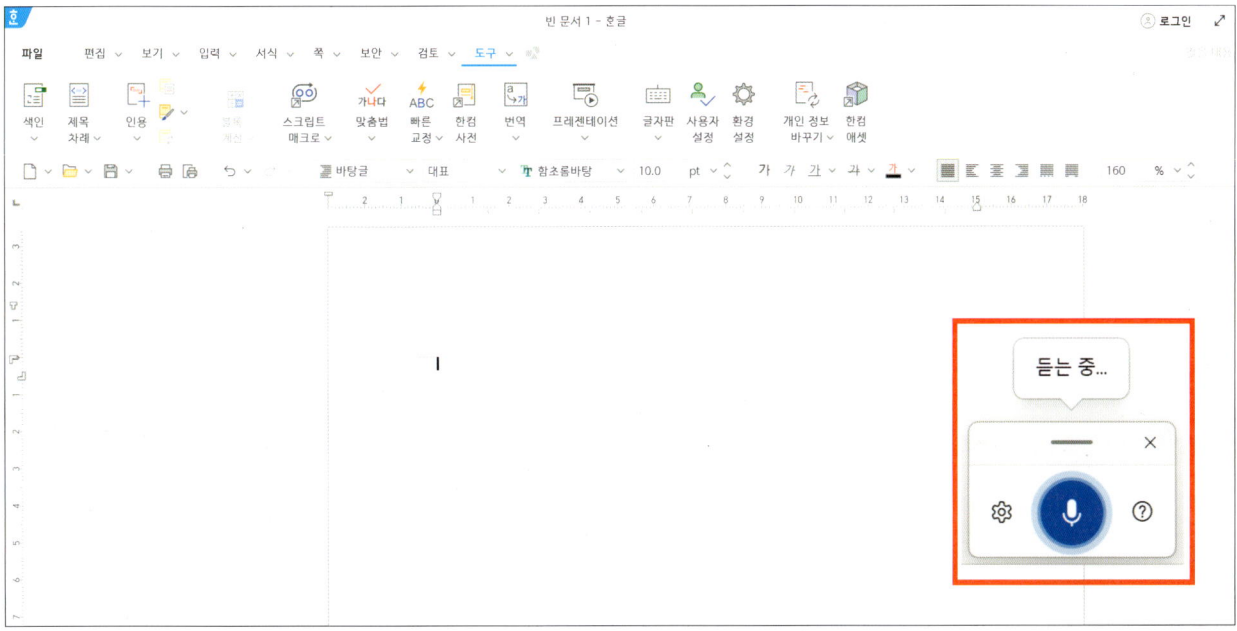

한글에서 음성 입력 설정을 마친 후에는 키보드에서 [ 윈도우 키 + H ]를 누르면 오른쪽 하단에 파란색 마이크 아이콘이 나타나며 음성 입력 기능이 활성화됩니다. 이제 말을 하면 내용이 실시간으로 문서에 입력됩니다.

한글 프로그램을 종료 후 다시 실행했을 경우, 다시 음성 입력을 사용하려면, [ 도구 ] > [ 글자판 바꾸기 ]에서 [ 윈도우 입력기 ]를 다시 설정해야만 음성 입력이 정상 작동합니다.

# 크롬브라우저

## 크롬브라우저 제대로 활용하기

● 구글 번역(Google Translate)

### ① 이미지로 번역하기 - 파일 탐색 사용

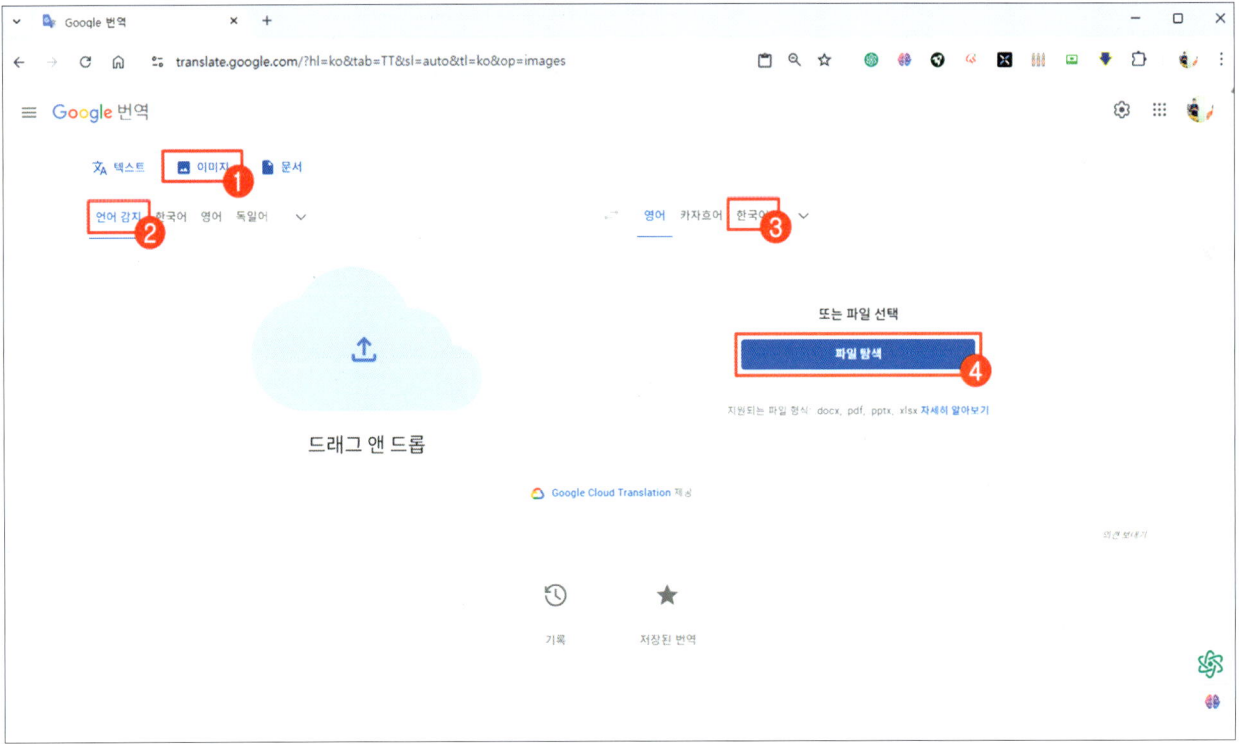

① [ 이미지 ]를 클릭합니다.  ② [ 언어 감지 ]를 클릭합니다.  ③ 목표 언어 [ 한국어 ]를 클릭합니다.
④ [ 파일 탐색 ]을 클릭합니다.

[ 사진폴더 ]에 있는 [ 네팔 가정식 ] 사진을 더블 클릭합니다.

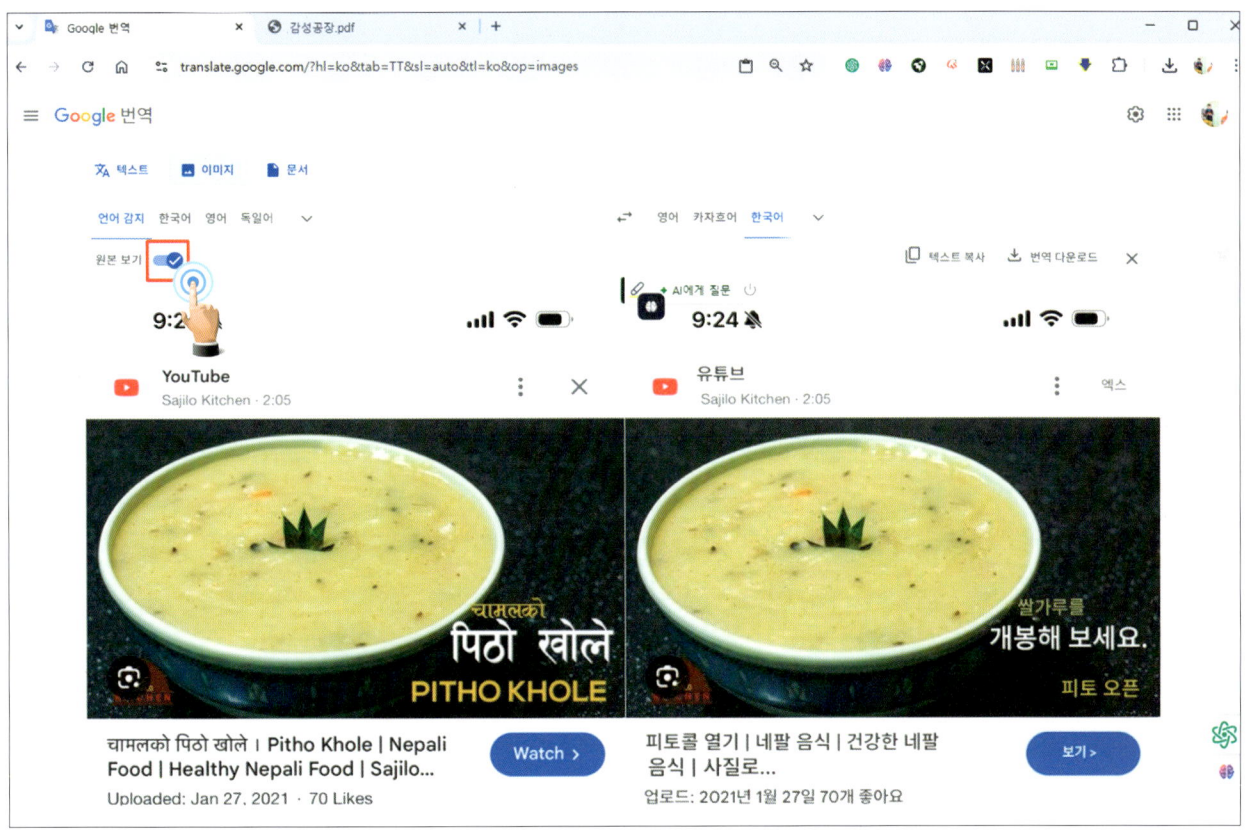

목표 언어인 한국어로 번역된 것을 확인할 수 있습니다. 왼쪽 상단의 [ 원본 보기 ]를 클릭하면 원본과 같이 비교할 수 있습니다.

## ② 문서 번역하기

- 파일 크기는 10M 미만, 100페이지 미만인 파일만 가능합니다.

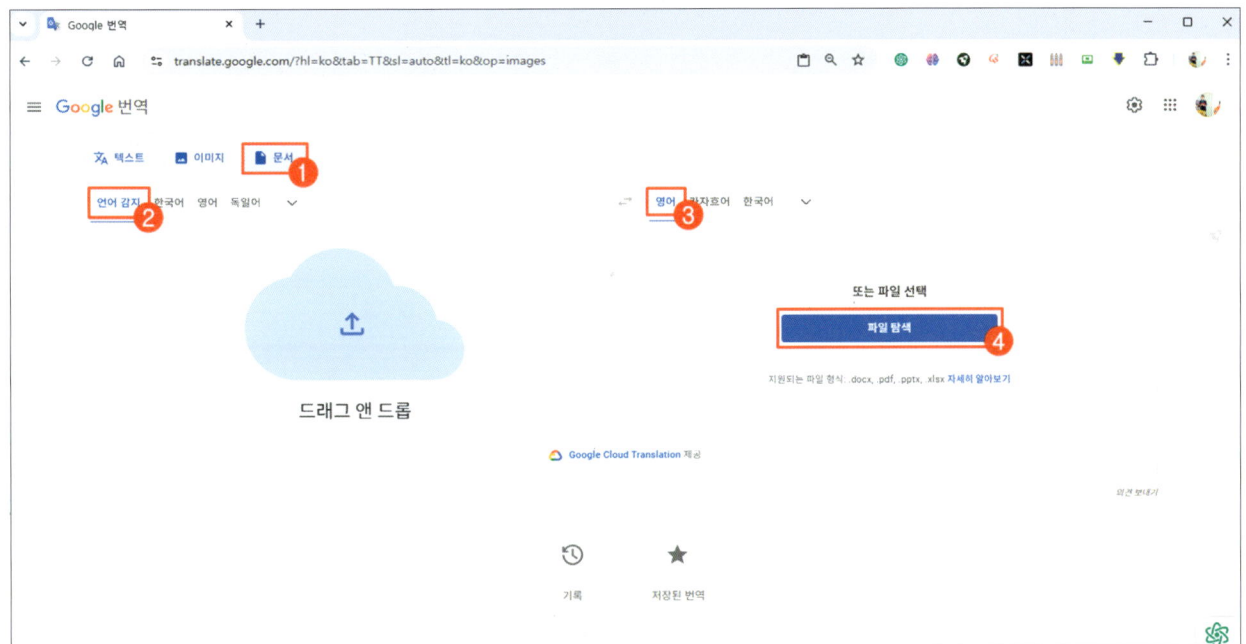

① [ 문서 ]를 클릭합니다. ② [ 언어 감지 ]를 클릭합니다. ③ 목표 언어 [ 영어 ]를 클릭합니다.
④ [ 파일 탐색 ]을 클릭하여 불러올 문서를 확인합니다.

# 크롬브라우저

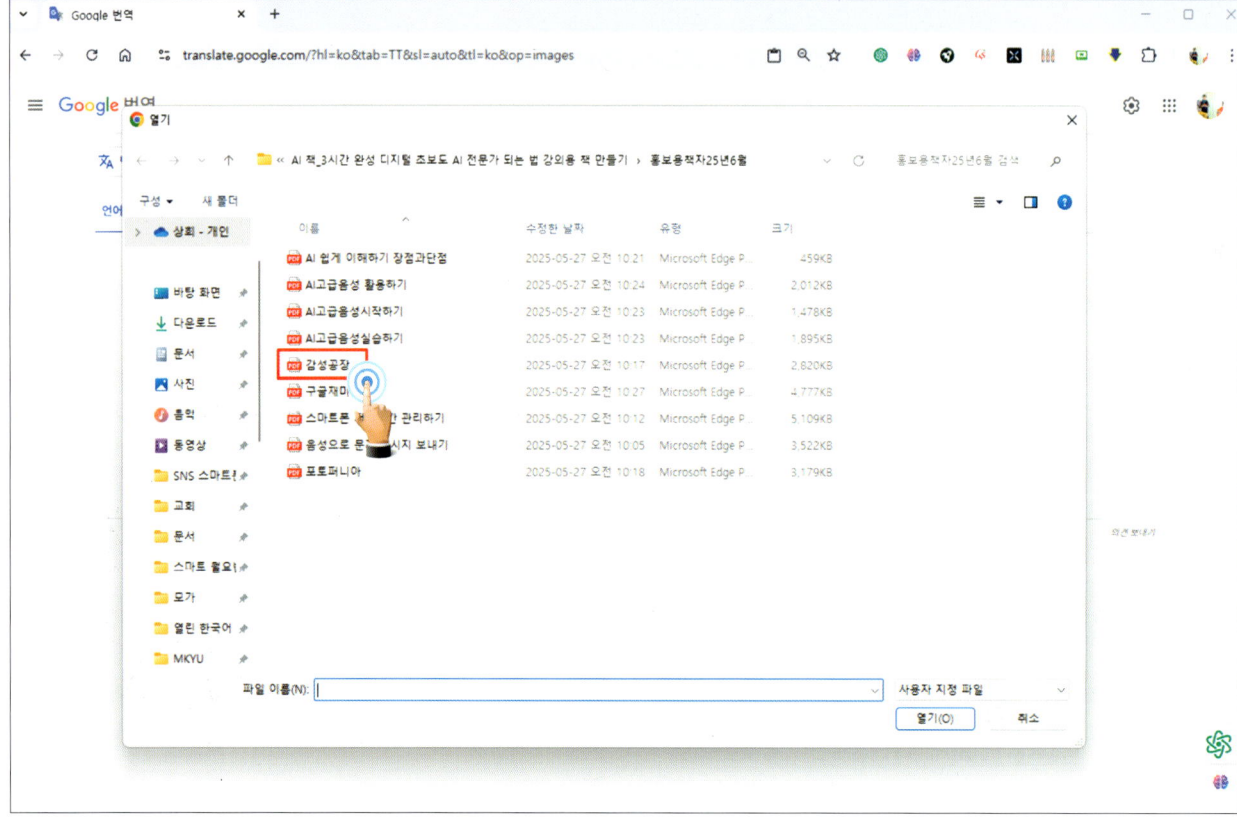

[ 감성공장 ] PDF 파일을 더블클릭하여 문서를 불러옵니다.

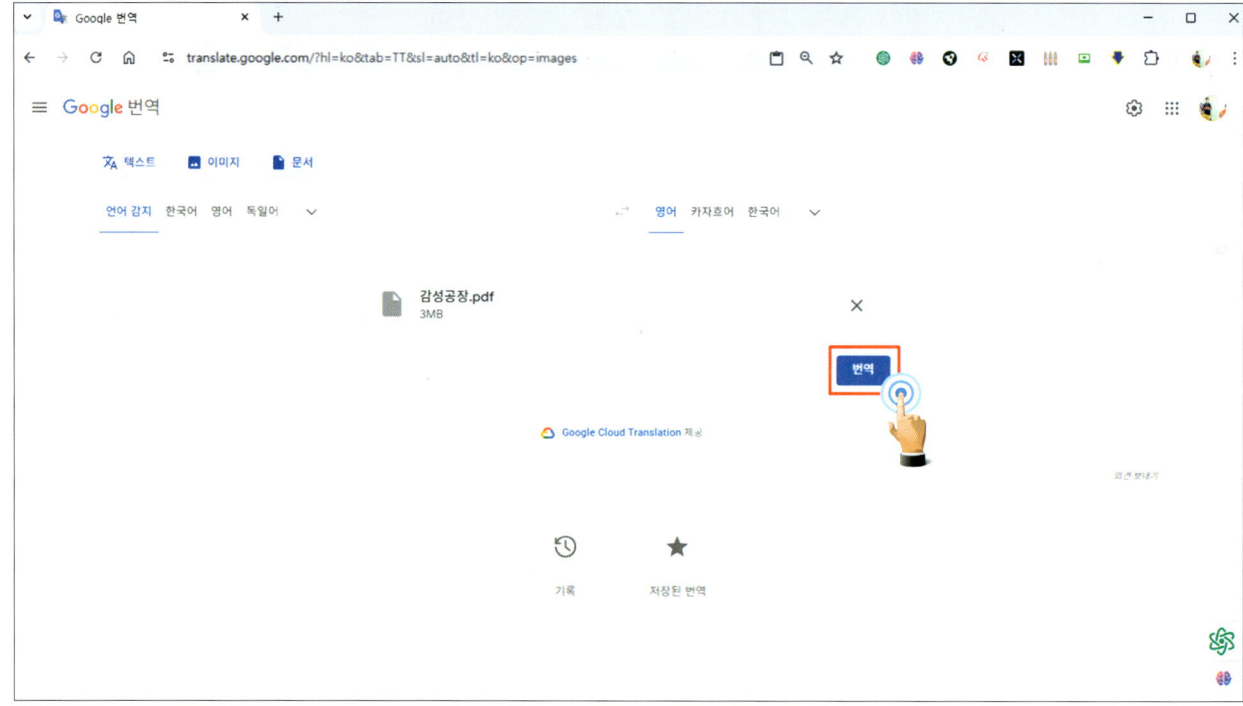

[ 번역 ]을 클릭하고 잠시 후 번역이 완료됩니다.

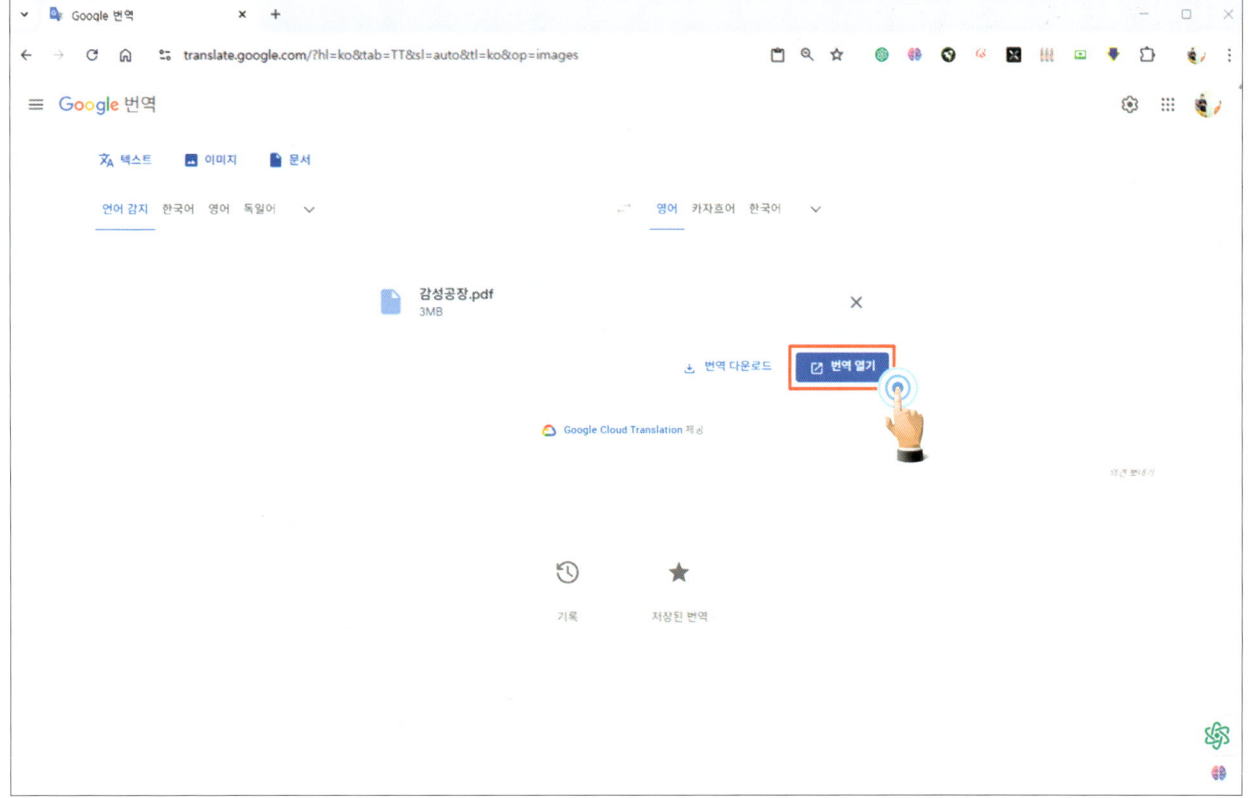

[ 번역 열기 ]를 클릭하여 번역한 내용을 확인합니다.

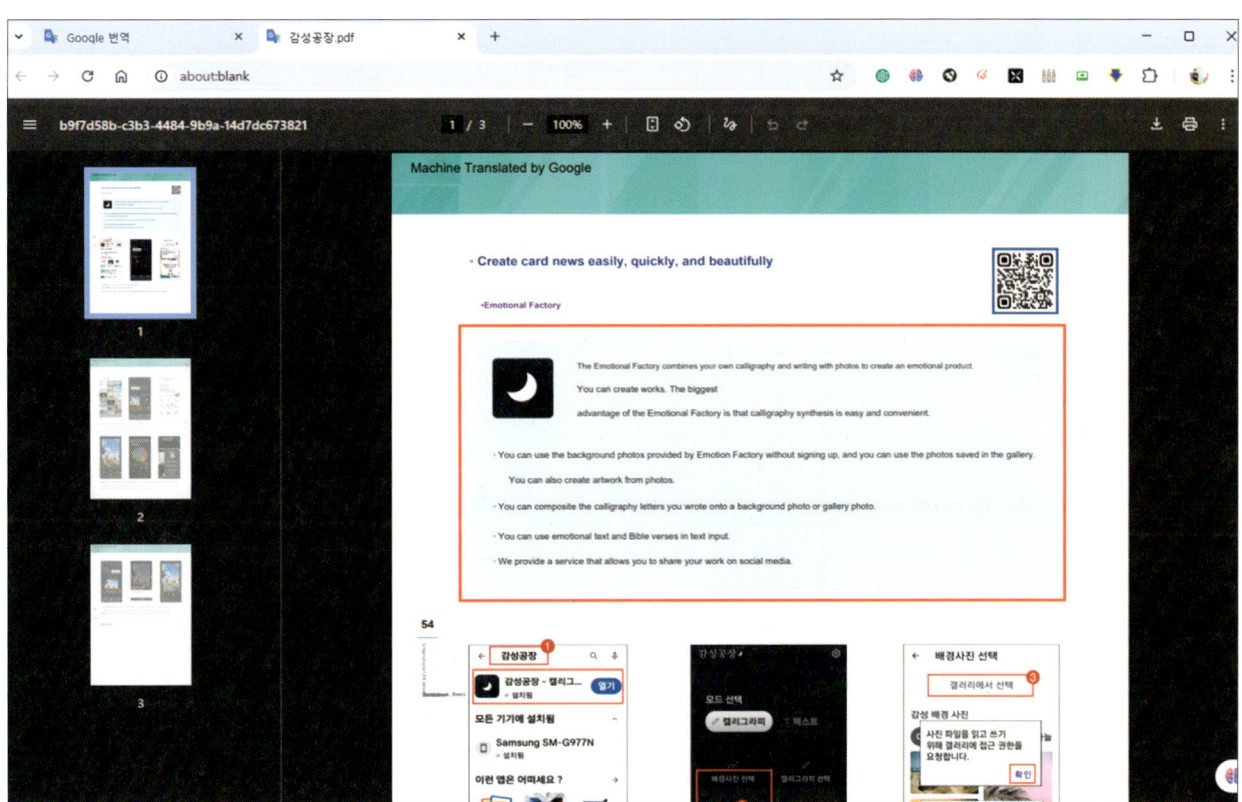

영어로 번역된 문서를 확인할 수 있습니다.

## 크롬브라우저

• 번역된 문서 다운로드하기

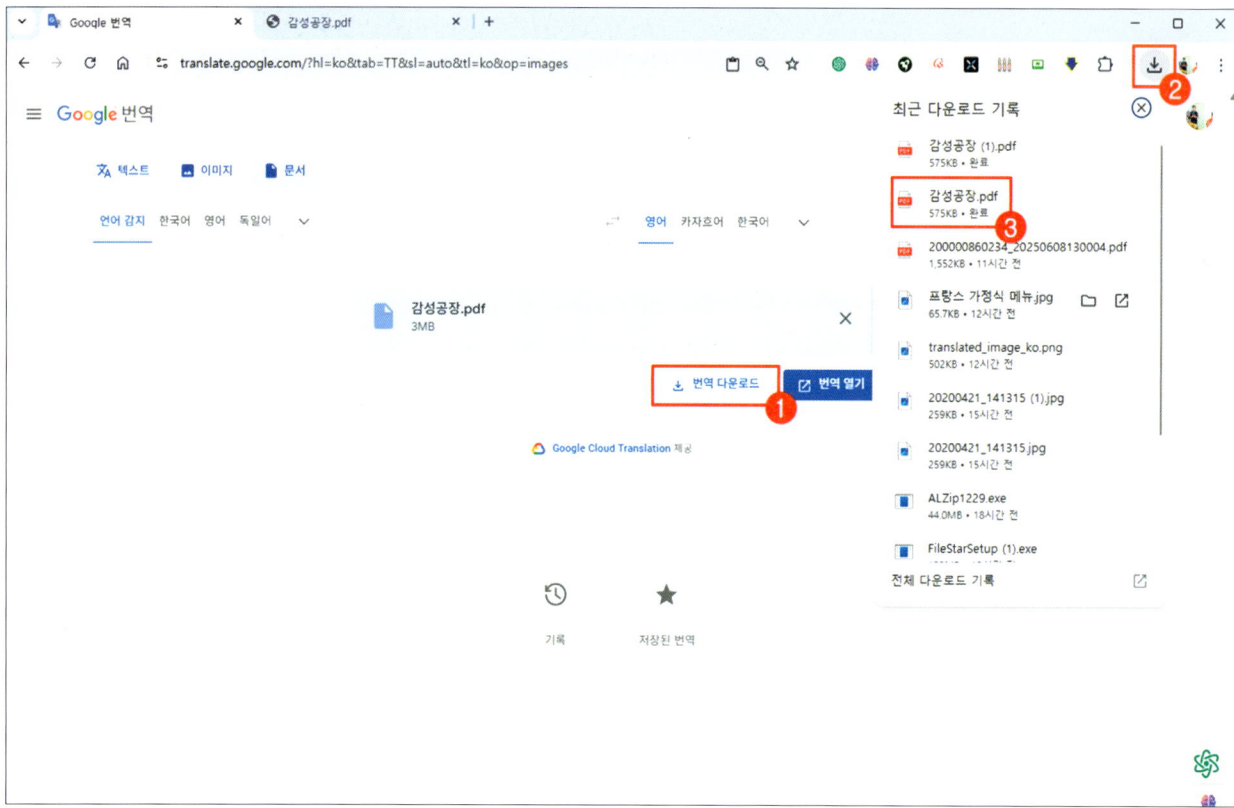

① [ 번역 다운로드 ]를 클릭하여 번역된 문서를 다운로드합니다.

② [ 다운로드 ] 단추를 클릭하여 최근 다운로드 기록을 확인합니다.

③ 다운로드된 [ 감성공장.PDF ] 파일을 확인할 수 있습니다.

## 확장프로그램 활용하기

● **AdBlock(Advertisement + Block)**

### ① 신문기사 광고 없이 보기

웹사이트에 표시되는 광고를 자동으로 차단해, 보다 쾌적하고 빠른 인터넷 환경을 제공하는 확장 프로그램입니다. 팝업, 배너, 동영상 광고 등을 제거해 보안과 개인정보 보호에도 도움이 됩니다.

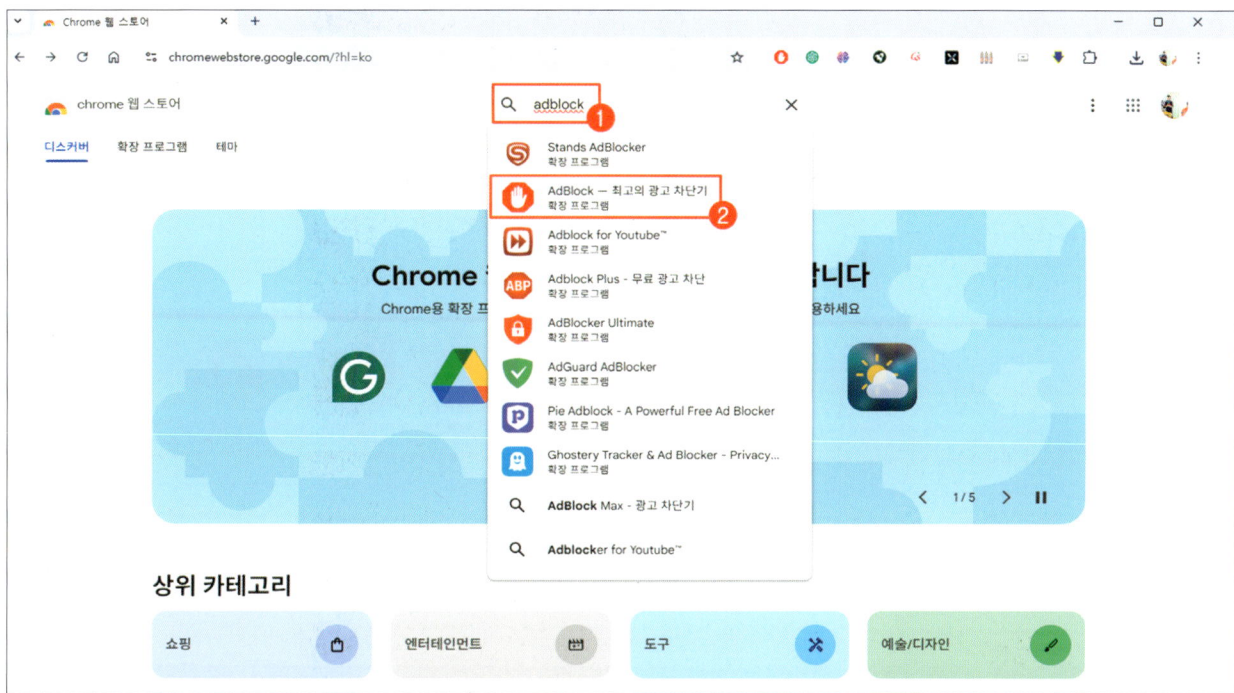

① 구글 웹 스토어에서 [ adblock ]을 입력합니다. ② 드롭다운 리스트의 [ AdBlock ]을 클릭합니다.

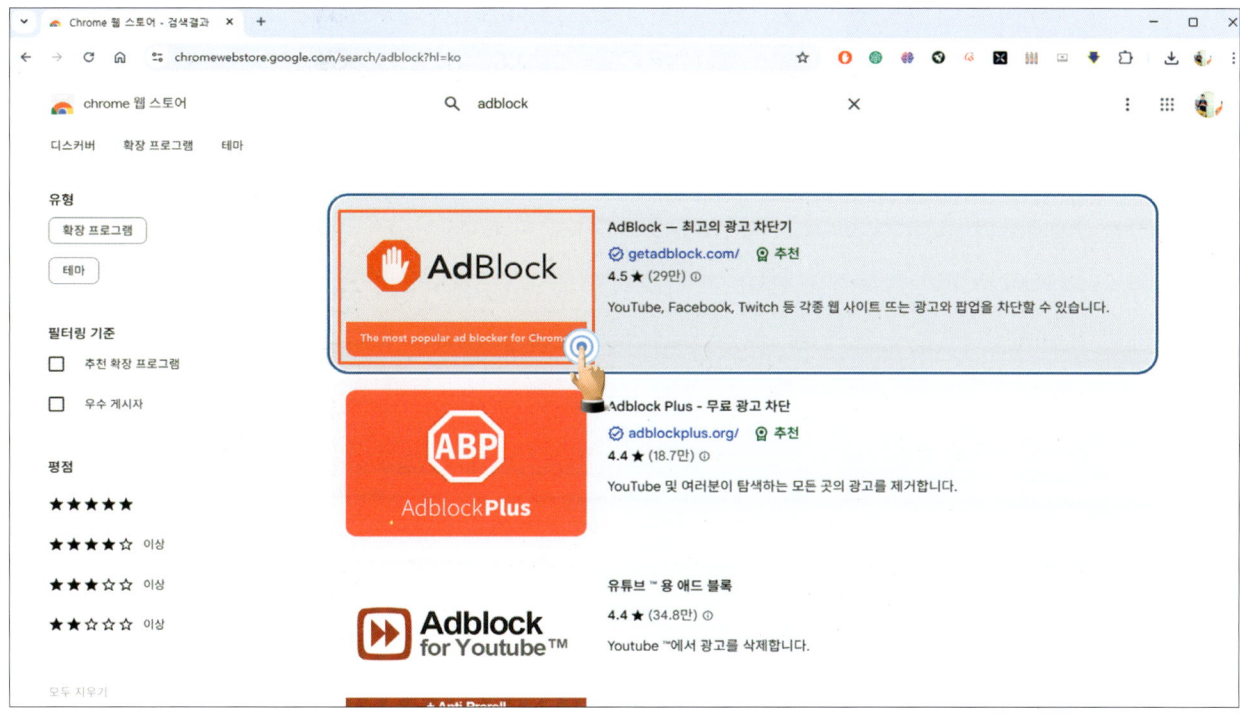

그림과 같이 [ AdBlock ]를 클릭합니다.

# 크롬브라우저

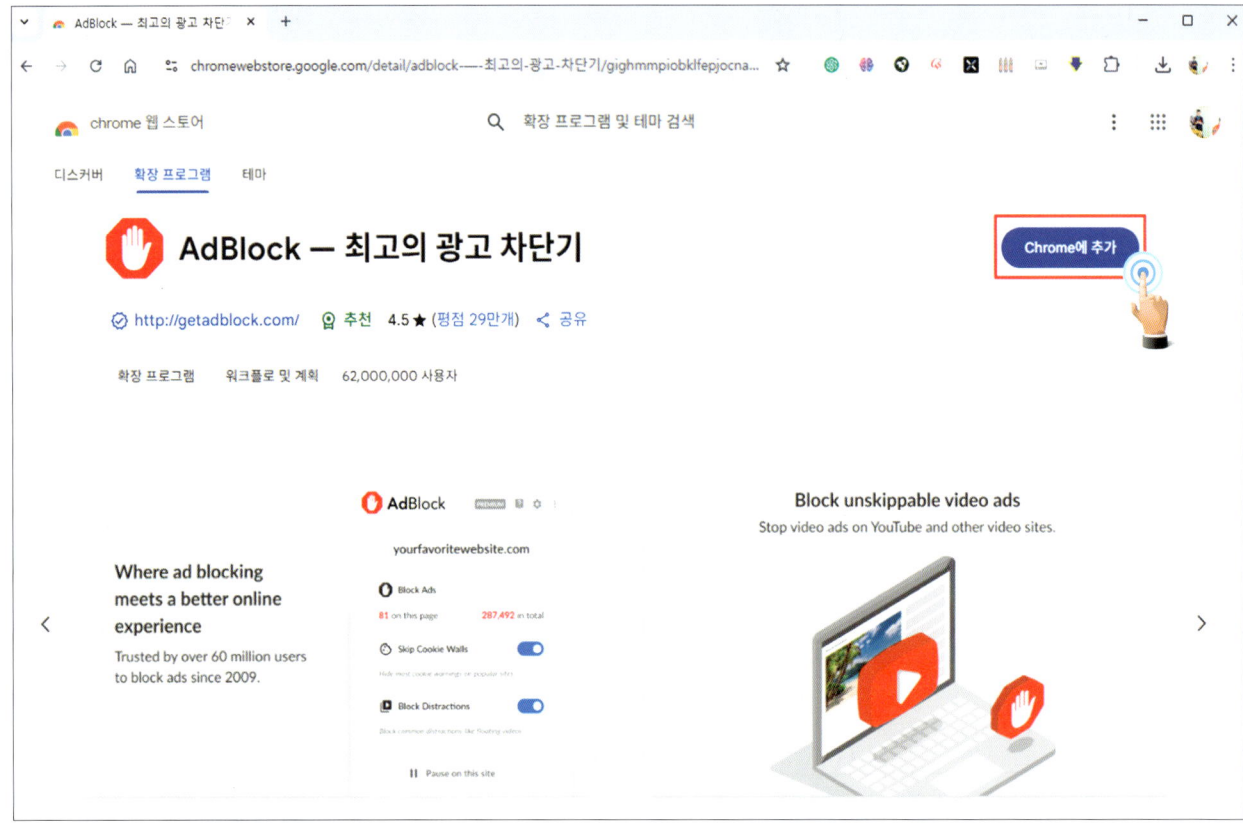

[ Chrome에 추가 ]를 클릭합니다.

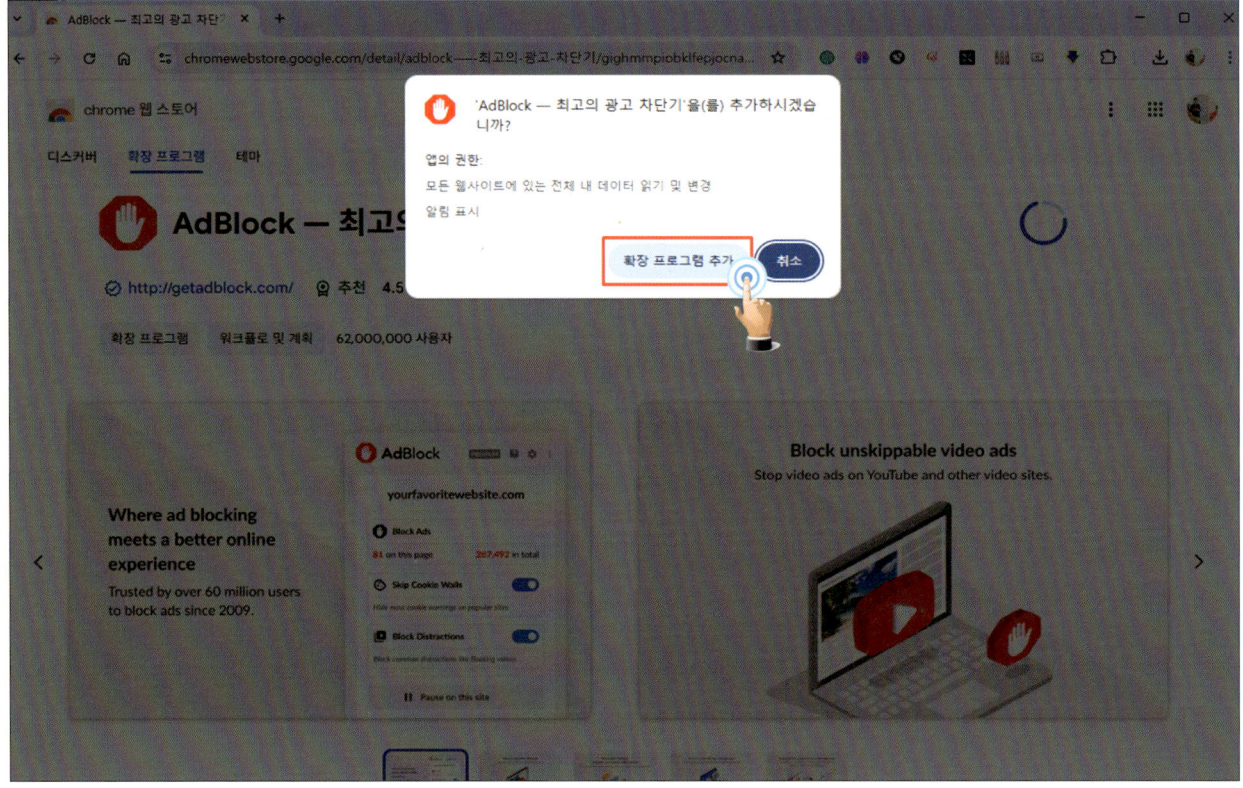

[ 확장 프로그램 추가 ]를 클릭하여 확장 앱을 설치합니다.
설치 후 구매를 요청하는 페이지가 열릴 수 있지만, 무시하고 닫으셔도 사용에는 지장이 없습니다.

1️⃣ 설치가 완료된 후 화면 우측 상단의 ① [ 확장 프로그램 아이콘 ]을 클릭합니다. ② AdBlock의 [ 핀 아이콘 ]을 클릭하여 확장 프로그램 영역에 등록시킵니다. 2️⃣ ① [ AdBlock 앱 ]이 등록 된 것을 확인할 수 있습니다. 3️⃣ ① [ AdBlock ]을 클릭하면 ② [ 총 137개 ]의 광고가 차단 것을 확인할 수 있습니다.

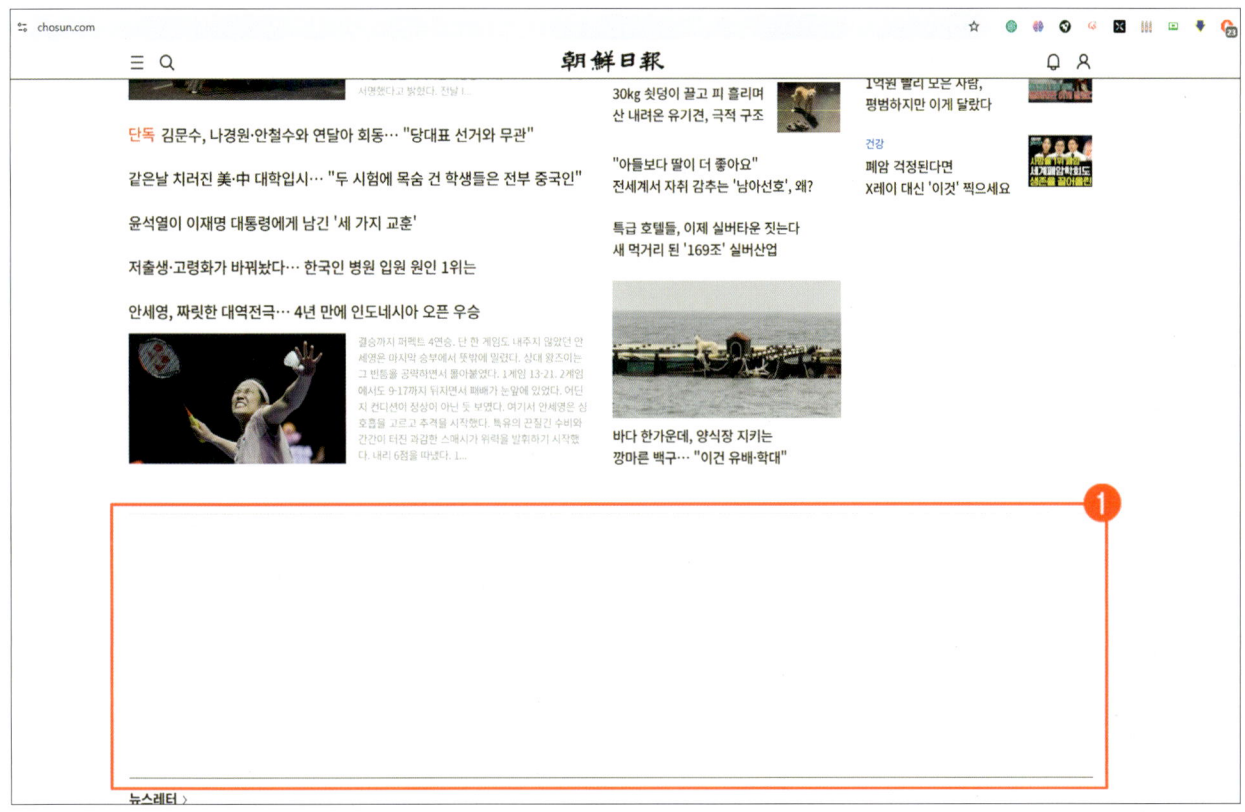

① 조선일보 홈페이지에 접속한 결과, 설치한 광고 차단 프로그램이 정상적으로 작동하여 광고가 보이지 않는 것을 확인할 수 있습니다.

# 크롬브라우저

## ② 유튜브 광고없이 보기

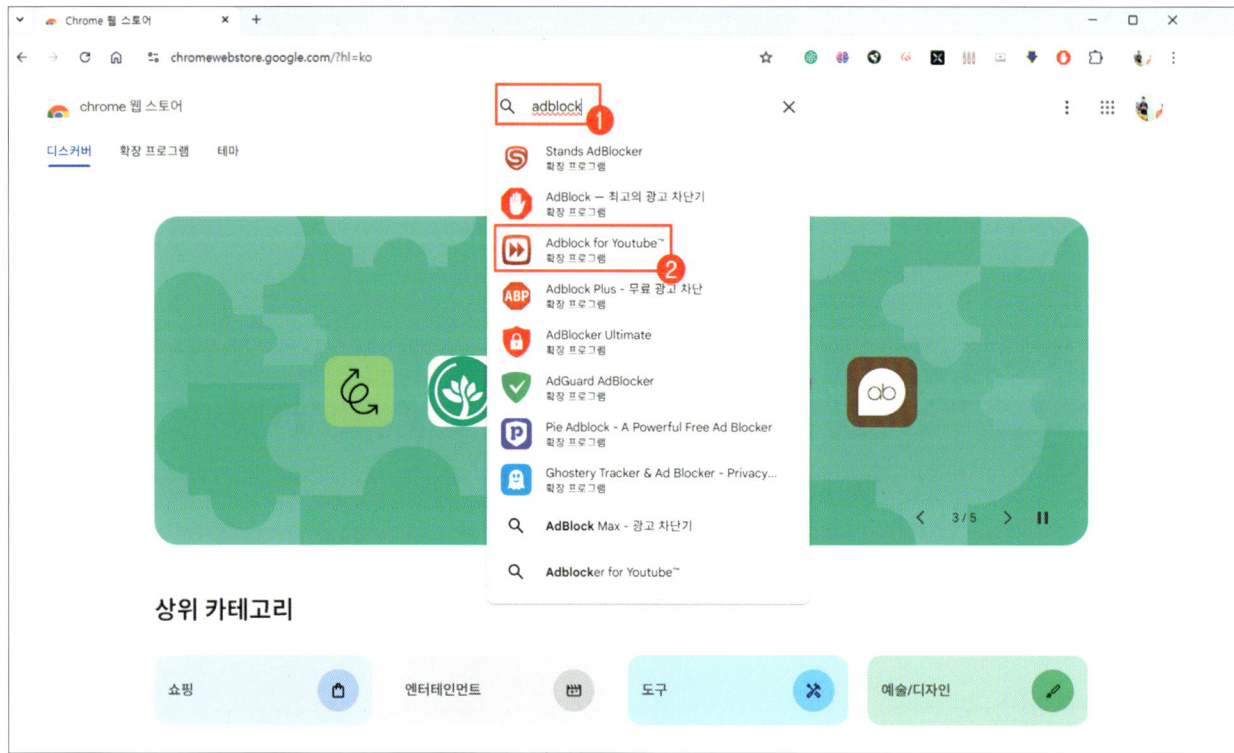

① 구글 웹 스토어에서 [ adblock ]를 입력합니다. ② 드롭 다운 리스트의 [ AdBlock for Youtube ]을 클릭합니다.

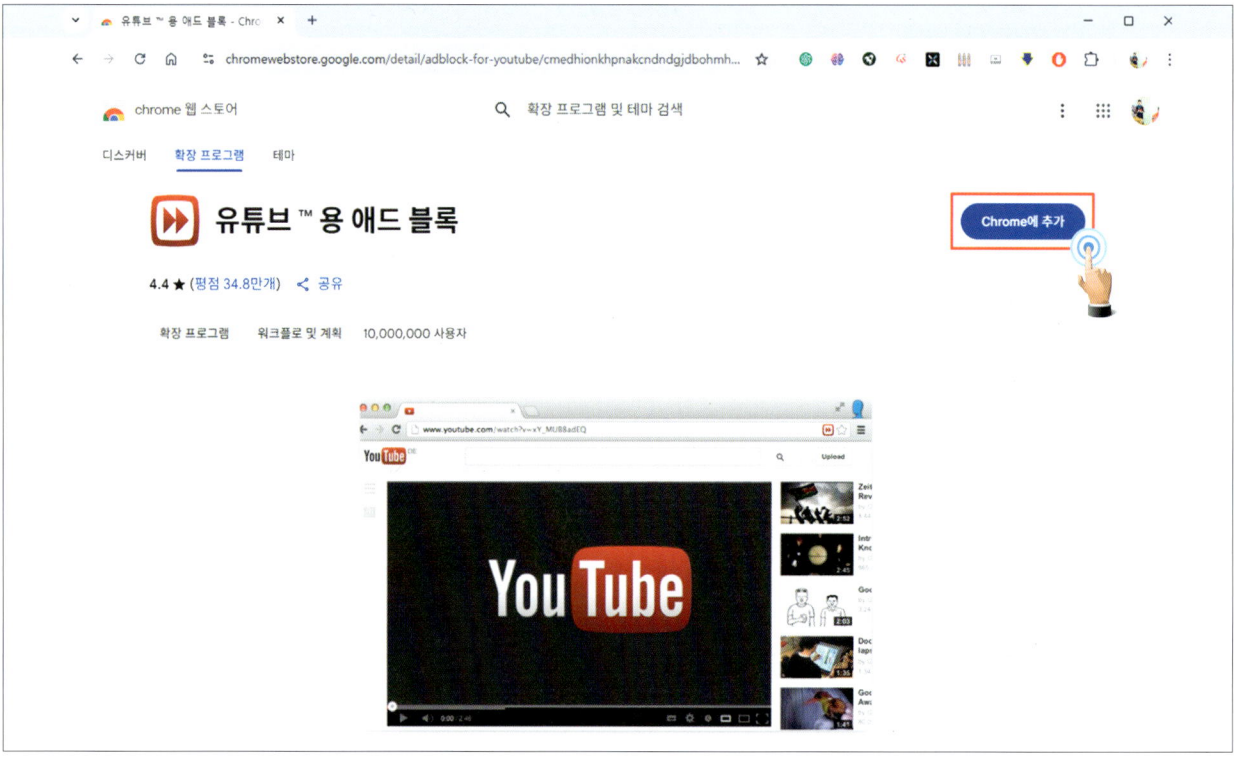

[ Chrome에 추가 ]를 클릭합니다.

[ 확장 프로그램 추가 ]를 클릭하여 확장 앱을 설치합니다.

설치 후 Step 2: Block Ads Online With AdBlock360라는 사이트가 열리면 무시하고 닫으셔도 사용에 아무 문제가 없습니다.

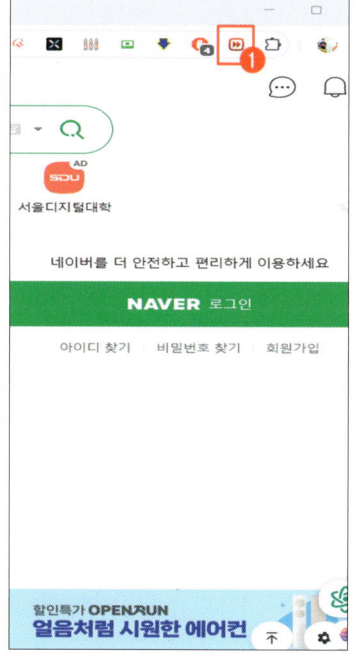

1 설치가 완료된 후 화면 우측 상단의 ① [ 확장 프로그램 아이콘 ]을 클릭합니다. ② 유튜브용 애드블록의 [ 핀 아이콘 ]을 클릭하여 확장 프로그램 영역에 등록시킵니다.

2 ① [ 유튜브용 애드블록 앱 ]이 등록된 것을 확인할 수 있습니다.

## 크롬브라우저

### ③ Drag Free - 우클릭 잠금 해제

마우스 드래그 및 우클릭 차단을 해제해 자유로운 복사와 편집이 가능하지만, 일부 사이트에서는 제한되거나 저작권 문제를 유의해야 합니다.

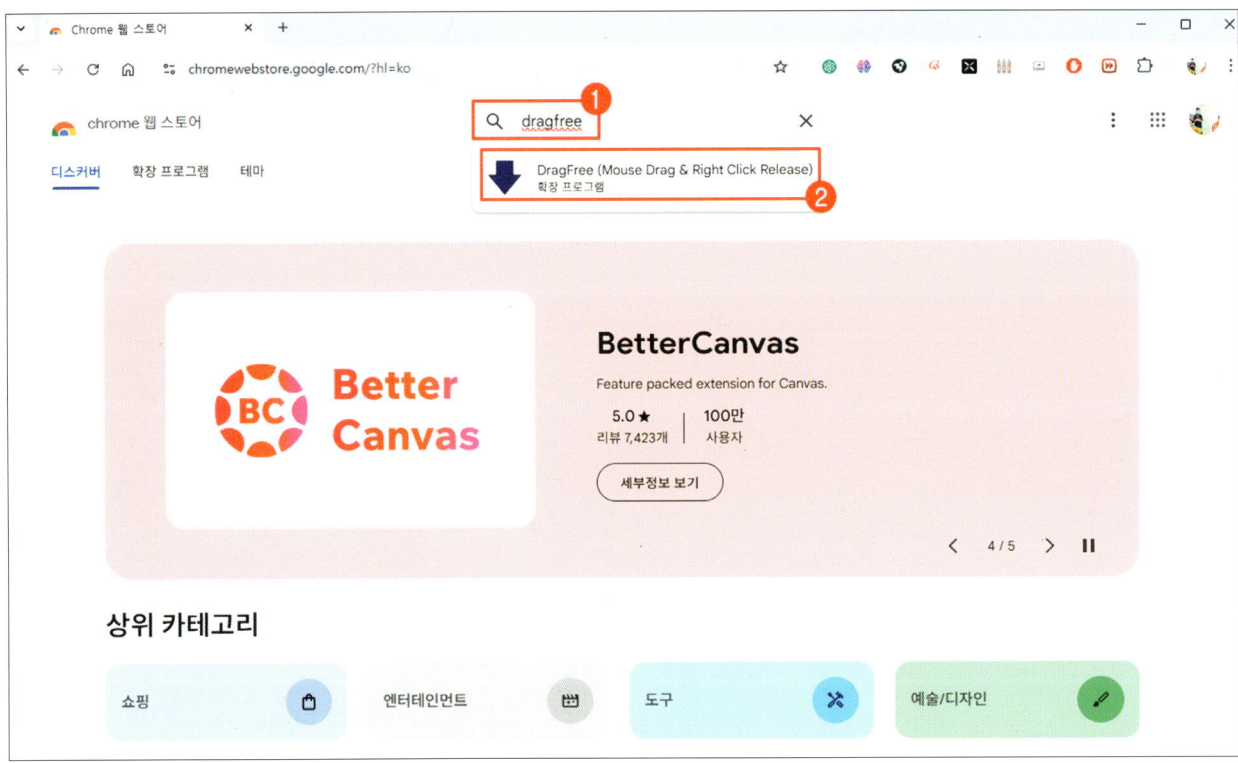

① 구글 웹 스토어에서 [ DragFree ]를 입력합니다. ② 드롭 다운 리스트의 [ DragFree ]을 클릭합니다.

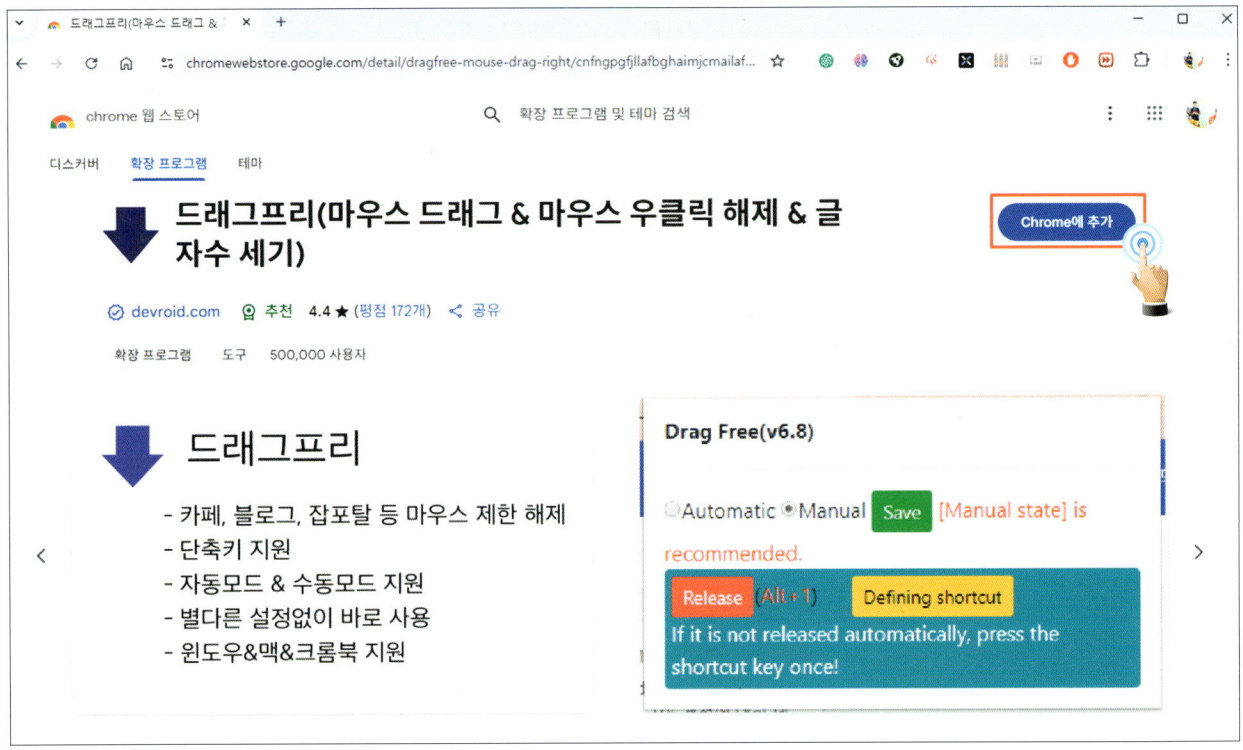

[ Chrome에 추가 ]를 클릭합니다.

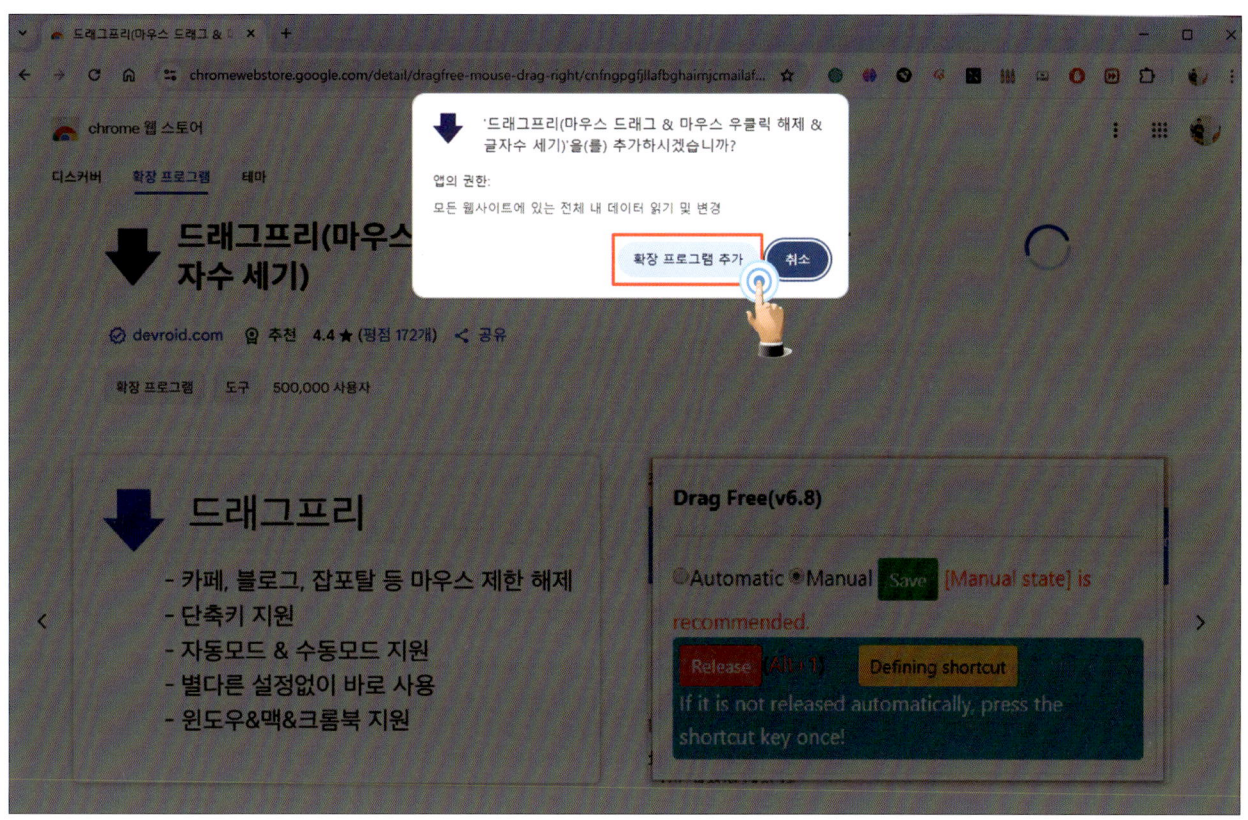

[ 확장 프로그램 추가 ]를 클릭하여 확장 앱을 설치합니다.

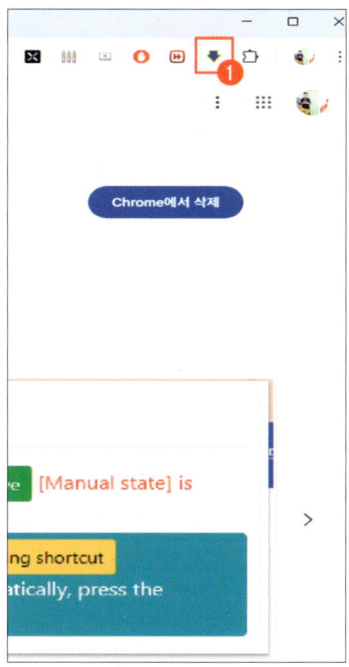

1️⃣ 설치가 완료된 후 화면 우측 상단의 ① [ 확장 프로그램 아이콘 ]을 클릭합니다. ② 우클릭 잠금 해제 [ 드래그프리… ]을 클릭하여 확장 프로그램 영역에 등록시킵니다.

2️⃣ ① [ 드래그프리 ]가 등록된 것을 확인할 수 있습니다.

# 크롬브라우저

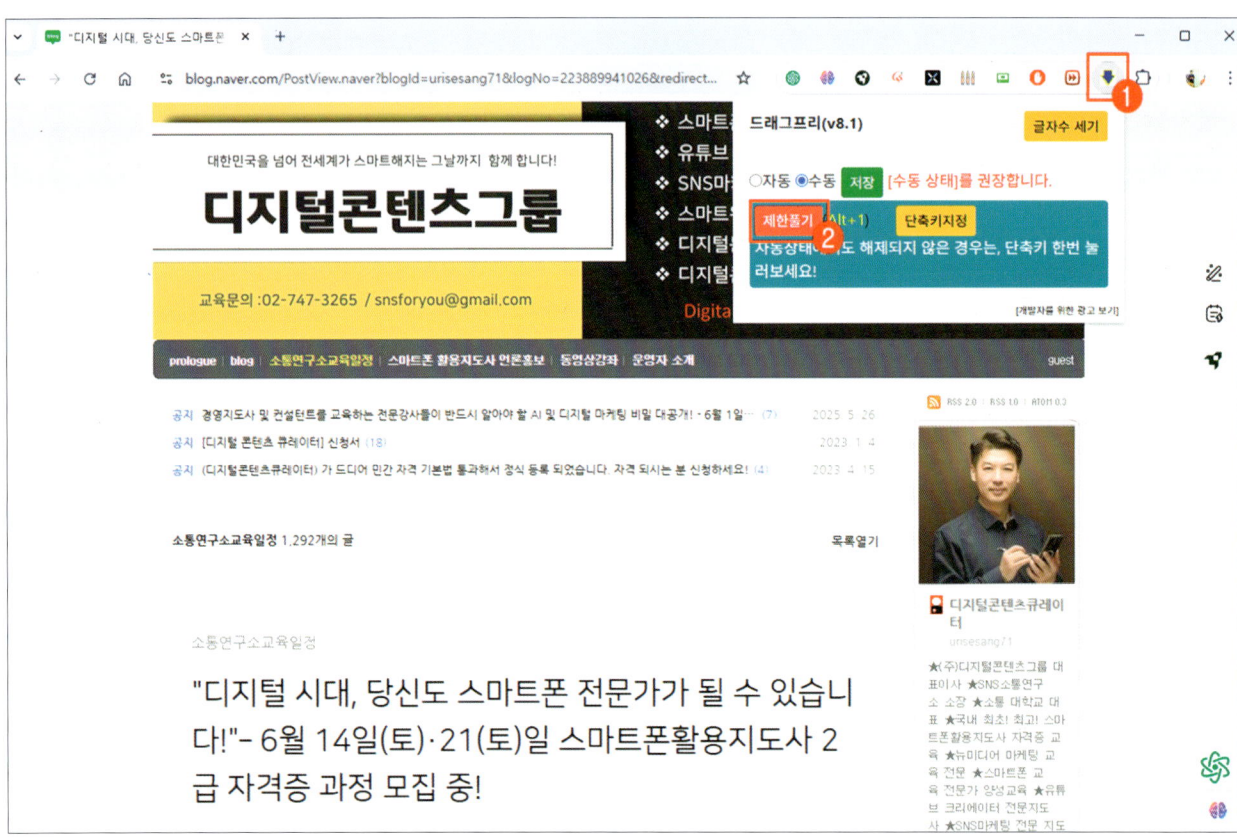

디지털 콘텐츠 그룹 대표님의 블로그는 우클릭이 제한되어 있어, 이를 해제하는 방법을 직접 시도해 보겠습니다. ① [ DragFree ]를 클릭합니다. ② [ 제한풀기 ]를 클릭합니다.

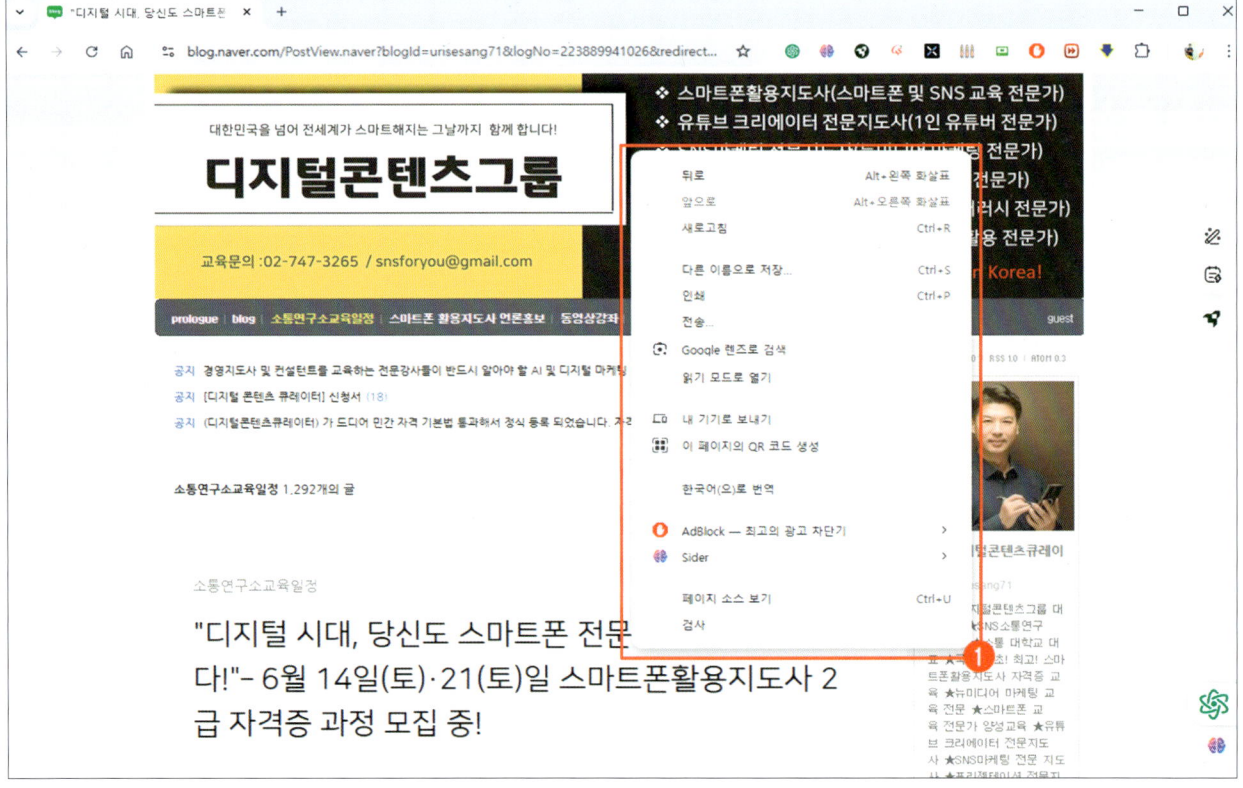

우클릭 시 바로가기 메뉴가 정상적으로 나타나며, 우클릭 제한이 해제된 것을 확인할 수 있습니다.

## 카드뉴스 쉽고 빠르고 멋지게 만들기

### ● 감성공장

감성공장은 자신만의 캘리그래피와 글씨를 사진과 합성해 감성 넘치는 작품을 만들 수 있습니다.
감성공장의 가장 큰 장점은 쉽고 편리하게 캘리그래피 합성이 가능하다는 점입니다.

- 가입 없이 감성공장에서 제공하는 배경 사진을 사용할 수 있고, 갤러리에 저장되어 있는 사진으로도 작품을 만들 수 있습니다.
- 내가 쓴 캘리그래피 글씨를 배경사진이나 갤러리 사진에 합성할 수 있습니다.
- 텍스트 입력하기에서는 감성 글, 성경 구절을 사용할 수 있습니다.
- 만들어진 작품을 SNS에 공유할 수 있는 서비스를 제공합니다.

1 ① [ 구글 Play스토어 ]에서 [ 감성공장 ]를 검색하여 설치합니다.
2 ② 설치 후 [ 배경사진 선택 ]의 [ + ]를 터치합니다.
3 ③ [ 갤러리에서 선택 ]을 터치하면, 접근 권한 요청 창에서 [ 확인 ]하고, 다시 [ 허용 ]을 터치합니다.

## 감성공장

1️⃣ [ 갤러리 ]에서 편집할 이미지를 선택합니다. 2️⃣ ② [ 캘리그라피 선택 ]의 [ + ]를 터치합니다.
　③ 감성공장에서 제공된 캘리그라피를 중간의 항목별로 찾을 수 있습니다.
3️⃣ 명언의 [ 꿈이 있는 한 나이는 없다 ]를 선택하고 [ 합성하기 ] 터치합니다.

1️⃣ ① 합성된 캘리그래피를 두 손가락으로 크기 조절과 회전, 드래그로 위치를 정하고, 자르기 등을 적절히 사용합니다. 2️⃣ ② [ 하양 ] 또는 [ 컬러 ]를 터치하여 캘리의 색상도 이미지에 어울리게 바꿔봅니다.
3️⃣ ③ [ 광고 ] 창이 보이고 잠시 후에 [ 갤러리에 저장되었습니다. ] 창이 보이면 갤러리에서 확인해 보세요.

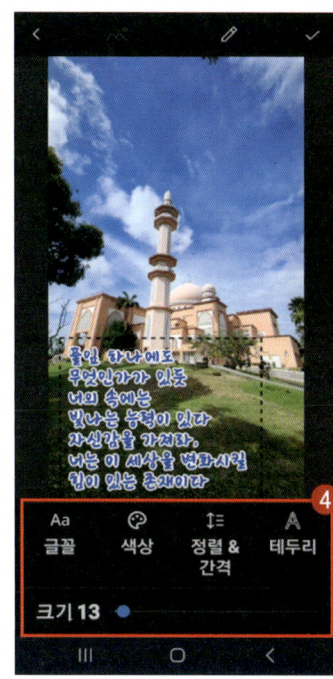

**1** ① [ 텍스트 ]에서 [ 텍스트입력하기 ] 를 터치하고 **2** ② [ 터치하여 문구를 입력하세요 ]를 터치하여 입력하고 싶은 글을 입력하면 됩니다. ③ [ 감성글, 성경 ]을 선택할 수도 있습니다.

**3** ④ [ 글꼴, 색, 정렬, 테두리, 크기 ] 등을 지정하고, 원하는 위치로 글자를 드래그합니다.

**MEMO**

## ● 포토퍼니아

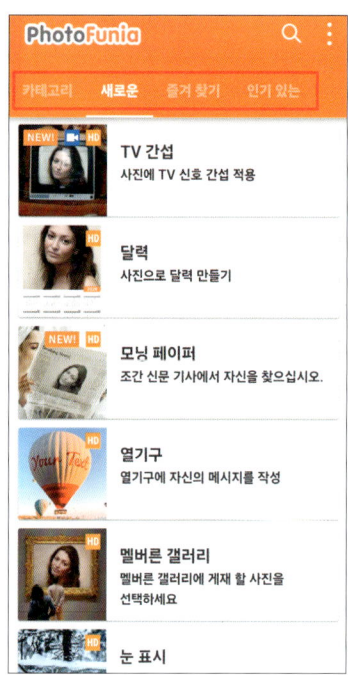

**1** [ Play스토어 ]를 터치합니다. **2** ① [ 포토퍼니아 ]를 입력하여 검색합니다. ② 포토퍼니아 아이콘을 확인하고 [ 설치 ]를 터치합니다. ③ [ 포토퍼니아 ] 설치가 완료되면 [ 열기 ]를 터치하여 실행합니다.
**3** [ 포토퍼니아 ] 메뉴가 영어로 나온다면 종료 후 다시 실행하면 한글로 바뀝니다.

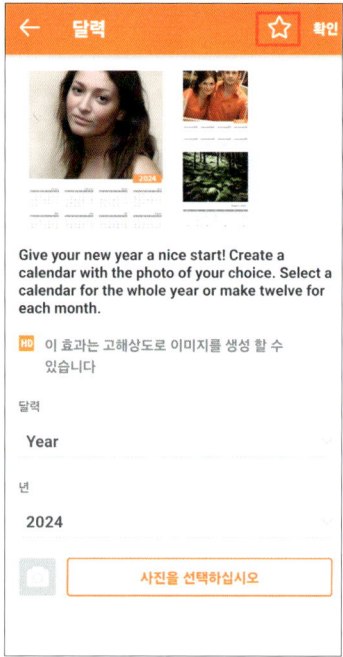

**1** 상단 메뉴 중에서 ① [ 카테고리 ]를 터치합니다. 템플릿(총 639개)이 카테고리별로 몇 개 있는지 표시됩니다. 위아래로 스크롤 하여 카테고리를 확인할 수 있습니다. ② [ 랩 ]을 터치합니다.
**2** [ 달력 ]을 선택합니다. **3** 현재 템플릿을 즐겨찾기 하려면 상단의 ☆을 터치합니다. 별 안쪽이 채워지고 현재 템플릿은 즐겨찾기 메뉴에 추가됩니다. 한 번 더 터치하면 즐겨찾기에서 해제됩니다.

1️⃣ ①을 터치하여 [ Year ] 또는 각 월 중에서 선택합니다. 예제는 [ July ]를 선택했습니다. ②를 터치하며 몇 년도 달력을 만들지 선택합니다.(2022년~2024년 중에서 선택) 2️⃣ ③ [ 사진을 선택하십시오 ]를 터치합니다. 3️⃣ ④ [ 사진을 찍다 ]를 선택하면 지금 촬영을 위해 카메라로 연결됩니다.

1️⃣ [ 기존 사진 선택 ]을 선택합니다. 갤러리의 최근 사진이 나타납니다. 최근 사진에 원하는 사진이 없으면 [ 점 세 개 ]를 터치합니다. 2️⃣ [ 찾아보기... ]를 터치합니다.
3️⃣ ① [ 삼선 ]을 터치하면 갤러리로 연결할 수 있는 사이드 창이 열립니다. ② [ 갤러리 ] 아이콘을 눌러 갤러리에서 합성할 사진을 선택합니다. 갤러리 아이콘 부분을 좌우로 스크롤 하면 다른 앱의 파일도 탐색할 수 있습니다.

## 포토퍼니아

  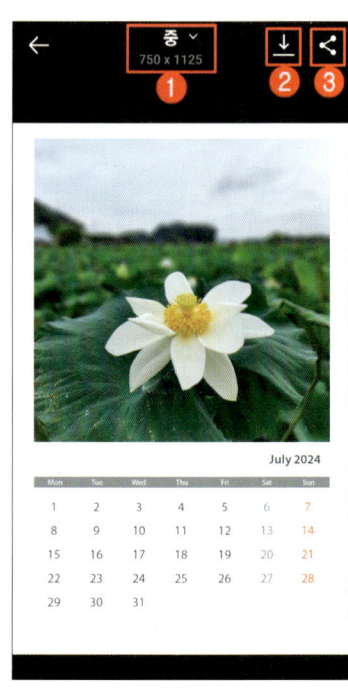

1 ① [ 회전 아이콘 ]을 누를때마다 이미지가 시계방향으로 90도씩 회전합니다. ② 이미지의 위치를 조절 후 ③ [ 확인 ]을 터치합니다. 2 ① 업로드를 확인하고 ② [ 확인 ]을 터치하면 달력이 생성됩니다.

3 ① [ 중 ]을 터치하여 합성된 달력 이미지 사이즈를 선택할 수 있습니다. ② 갤러리에 [ 저장 ], ③ 카카오톡 등에 [ 공유 ]할 수 있습니다.

1 상단의 왼쪽화살표를 눌러 이전단계로 옵니다. ①달력을 [ Year ]로 바꾸고 ② [ 사진변경 ]을 눌러 새로운 이미지를 선택한 후 ③ [ 확인 ]을 터치합니다. 2 새로운 달력 이미지가 합성되었습니다. 상단의 [ 왼쪽화살표 ]를 눌러 3 메인화면에 오면 [ 즐겨찾기 ] 메뉴에서 달력이 즐겨찾기에 추가된 것을 확인할 수 있습니다. 상단의 돋보기 모양 아이콘을 누른 후 "스노 글로브"를 검색하여 선택합니다.

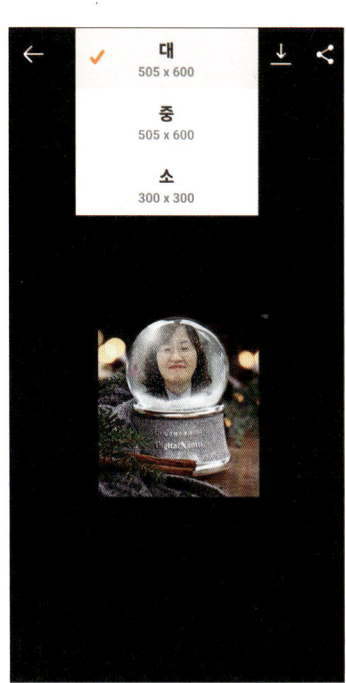

1️⃣ ① [ 사진을 선택하십시오 ]를 눌러 갤러리에서 사진을 선택합니다. ② [ 텍스트라인 1 ]과 ③ [ 텍스트라인 2 ]를 입력합니다. ④ 애니메이션 이미지를 생성하려면 왼쪽 이미지를 선택합니다.

2️⃣ 사진 선택, 텍스트 입력, 애니메이션 효과까지 선택했으면 [ 확인 ]을 눌러 이미지를 합성합니다.

3️⃣ 지면에서는 움직임을 확인할 수 없지만 정말 실감 나는 움짤이 만들어졌습니다.

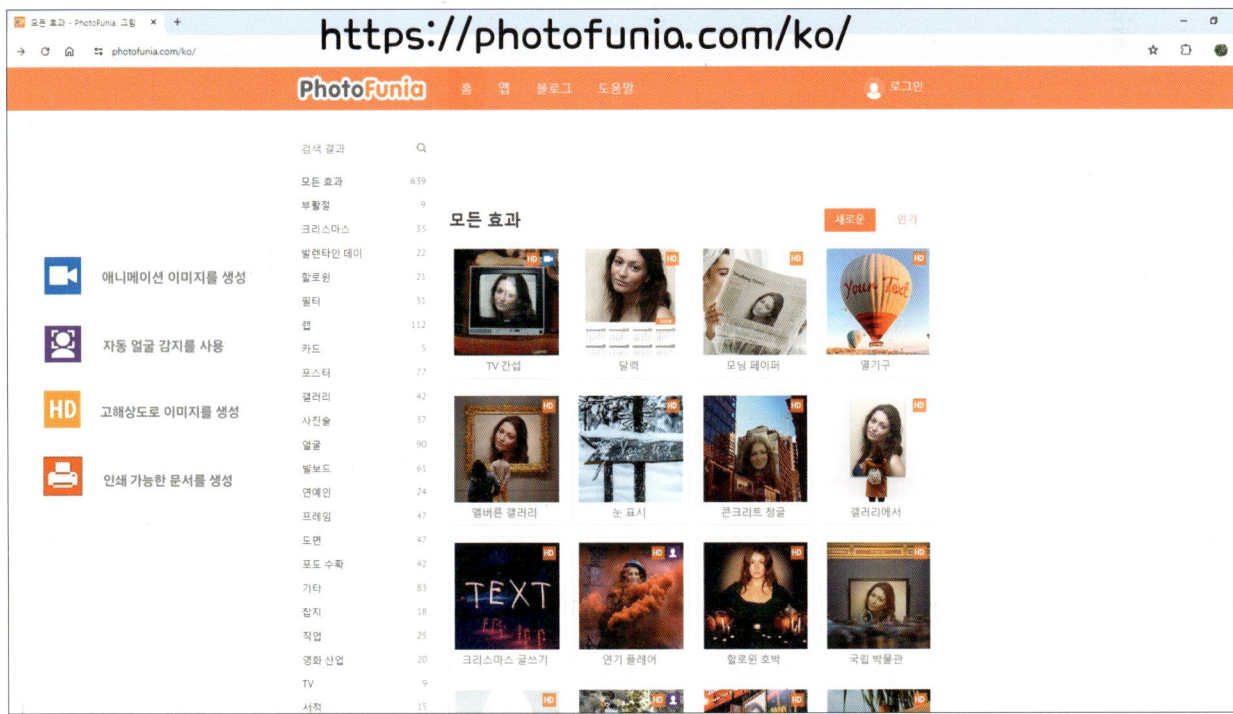

포토퍼니아는 웹에서도 사용 가능합니다. 직관적인 인터페이스로 터치 몇 번이면 간단히 사용할 수 있습니다. 설명드린 것 외에도 다양한 필터와 템플릿이 있으니 창의적인 사진 편집의 세계를 경험해 보세요.

## AI 제대로 활용하기

### AI 제대로 활용하기

### 1 AI 쉽게 이해하기

● **AI란 무엇인가?**

AI(인공지능)는 인간의 학습능력, 추론능력, 지각능력을 모방한 컴퓨터 프로그램입니다. 쉽게 말해, 매우 똑똑한 디지털 비서라고 생각하면 됩니다.

● **인간 능력을 모방하는 방식**

1) **학습능력** (Learning)
   - **인간**: 경험을 통해 새로운 지식을 습득하고 기억합니다.
   - **AI**: 엄청난 양의 데이터(책, 웹사이트, 논문 등)를 분석하여 패턴과 규칙을 학습합니다.
   - **예시**: ChatGPT는 인터넷상의 수많은 텍스트를 학습해서 언어의 패턴을 이해하게 되었습니다.

2) **추론능력** (Reasoning)
   - **인간**: 알고 있는 정보를 바탕으로 논리적으로 결론을 도출합니다.
   - **AI**: 학습한 데이터를 바탕으로 새로운 상황에서도 합리적인 답변을 만들어냅니다.
   - **예시**: "사과는 과일이다 + 과일은 건강에 좋다" → "사과는 건강에 좋다"라는 결론 도출

3) **지각능력** (Perception)
   - **인간**: 눈으로 보고, 귀로 듣고, 손으로 만지며 세상을 인식합니다.
   - **AI**: 텍스트, 이미지, 음성을 분석하여 정보를 인식하고 이해합니다.
   - **예시**: 사진 속 물체 인식, 음성을 텍스트로 변환, 문맥 파악

● **ChatGPT는 어떤 AI인가?**

대화형 AI의 ChatGPT는 특히 대화형 AI(Conversational AI)로, 사람과 자연스럽게 대화할 수 있도록 설계되었습니다. 마치 지식이 풍부한 친구나 선생님과 대화하는 것처럼 편안하게 소통할 수 있습니다.

- ### 사람처럼 자연스러운 대화
  - 복잡한 명령어나 프로그래밍 언어가 아닌, 일상 언어로 대화 가능
  - "안녕하세요", "고마워요", "다시 설명해 줘" 같은 자연스러운 표현 이해
  - 이전 대화 내용을 기억하며 맥락을 이어가는 대화 가능

- ### 주요 역할
  - **질문 답변:** "서울에서 부산까지 KTX로 얼마나 걸려?"
  - **글쓰기 지원:** "회사 사과문 초안 작성해 줘"
  - **문제 해결:** "이 수학 문제 풀이 과정 설명해 줘"
  - **아이디어 제공:** "새로운 사업 아이템 추천해 줘"
  - **학습 도우미:** "영어 문법 쉽게 설명해 줘"

## 2 AI 장점과 단점, 유료와 무료 차이

- ### ChatGPT의 장점
  - **가격:** 당연히 월 $0! 부담 없이 AI를 시작
  - **24시간 접근 가능:** 새벽에도 주말에도 언제든지 질문 가능
  - **다양한 분야 지식:** 역사부터 과학, 요리까지 광범위한 지식 보유
  - **개인 맞춤형 대화:** 나의 수준과 관심사에 맞춰 설명 조절
  - **빠른 처리 속도:** 구글 검색보다 빠른 즉시 답변
  - **비용 효율성:** 전문가 한 시간 상담료로 한 달 사용 가능

- ### ChatGPT의 단점
  - **GPT-4o 사용량 제한:** 중요한 순간에 메시지 한도에 도달하면 답답
  - **정보 정확성 한계:** 가끔 그럴듯하게 틀린 답을 할 수 있음 (팩트체크 필요)
  - **최신 정보 부족:** 실시간 뉴스나 최신 트렌드는 모를 수 있음
  - **창의성 한계:** 완전히 새로운 것보다는 기존 것의 조합에 능함
  - **맥락 이해 제한:** 복잡한 상황의 뉘앙스 파악에 어려움
  - **의존성 위험:** 너무 의존하면 스스로 생각하는 능력 감소 우려

# AI 제대로 활용하기

● 무료 vs 유료(Plus/Pro) 비교

| 기능 | 무료(Free) | 플러스(Plus) | 프로(Pro) |
|---|---|---|---|
| 가격 (월, USD) | $0 | $20 | $200 |
| 주요 모델 접근 | GPT-4o mini, 제한적 GPT-4o | GPT-4o 우선, GPT-4.5 | GPT-4o, GPT-4.5, 모든 o-시리즈 무제한 |
| GPT-4o 메시지 한도 | 5시간 내 제한 | 표준 (예: 3시간당 80개) | 무제한 |
| 응답 속도 | 표준 | 빠름 | 매우 빠름(최우선) |
| 맞춤형 GPT생성/사용 | 사용만 가능 | 생성 및 사용 가능 | 생성 및 사용 가능 |
| DALL-E 이미지 생성 | 가능 ∨ | 가능 ∨ | 가능 ∨ |
| 고급 음성 모드 | 불가 × | 가능 ∨ | 가능 ∨ (무제한/고화질) |
| Sora 영상 생성 | 불가 × | 제한적 (720p, 5초, 50회) | 확장됨 (1080p, 20초, 500회 우선) |

※ 위 표는 2025년 5월 기준 주요 내용이며, OpenAI 정책에 따라 변경될 수 있습니다.

## AI 챗GPT를 제대로 활용하는 실전 프롬프트 작성법

 **로·고·타·루·톤** 구조로 쉽게 배우는 챗GPT 명령어 전략

### 1 '프롬프트'는 왜 중요한가?

- 프롬프트(Prompt)는 **AI에게 주는 지시문**입니다. 챗GPT처럼 대형 언어 모델(LLM)은 '**프롬프트**'를 어떻게 주느냐에 따라 결과의 질이 완전히 달라집니다.
- 구글 딥마인드, 마이크로소프트 등 연구 결과에 따르면 프롬프트 문장 하나 바꾸는 것만으로도 **정확도 최대 50%까지 상승**했습니다.

### 2 프롬프트의 5요소 : 로·고·타·루·톤

| 요소 | 의미 | 설명 | 예시 질문 |
|---|---|---|---|
| 로 (ROLE) | 역할 | GPT에게 '너는 누구인가'를 지정 | "너는 디지털복지 교육 전문가야." |
| 고 (GOAL) | 목표 | 최종 결과물의 목적 전달 | "시니어 대상 교육용 교안을 만들 거야." |
| 타 (TASK) | 작업 | 구체적인 지시사항 | "3단계로 구성된 강의 흐름을 표로 정리해줘." |
| 루 (RULE) | 규칙 | 분량, 형식, 조건 | "각 항목은 300자 이내로, 쉬운 말로 써줘." |
| 톤 (TONE) | 말투 | 전달 방식의 분위기 | "따뜻하고 친근한 말투로 써줘." |
| 강조 문장 | | 감정 프롬프트 적용 → AI 응답의 집중도 상승 | "이건 나한테 정말 매우 중요한 거야. 심호흡하고 차분하게 단계별로 전문가스럽게 작성해줘." |

## AI 제대로 활용하기

### 3 과학적으로 검증된 기법과 '로고타루톤'의 결합

#### ☑ ROLE (역할) - AI에게 '정체성'을 부여하라
- GPT는 '너는 지금 누구다'라는 설정을 줄 때 더 정밀한 답변을 합니다.
- **역할을 주지 않은 경우:** "디지털 교육 알려줘"
- **역할을 설정한 경우:** "너는 디지털복지 전문가야. 시니어 눈높이에 맞춰 설명해줘."

#### ☑ GOAL (목표) - 결과의 목적을 분명히 하라
- AI는 목적이 뚜렷할수록 집중된 출력을 제공합니다.
- **예시1)** "블로그 포스팅용 초안이야"
- **예시2)** "강의용 교재로 쓸 거니까 단계별로 정리해줘."

#### ☑ TASK (작업) - 할 일을 명확하게 말하라
- 작업을 구체적으로 지시하면 결과물 품질이 향상됩니다.
- **연구 결과** "Let's think step by step(단계별로 생각해보자)"는 실제 정확도 8% 향상

#### ☑ RULE (규칙) - 형식, 분량, 조건을 알려줘라
- 글자 수, 형식, 금기사항을 넣으면 AI가 지키려 합니다.
- **예시1)** "표 형식으로 정리해줘"
- **예시2)** "전문용어 없이 설명해줘"

#### ☑ TONE (톤) - 어조, 말투를 구체화하라
- GPT는 말투를 조정할 수 있습니다.
- **예시1)** "초등학생이 이해할 수 있도록 쉽게"
- **예시2)** "전문가다운, 친절하고 신뢰감 있게 말해줘"

---

**예시 프롬프트 완성 예**

> 시니어 대상 스마트폰 수업을 위한 강의안을 만들고 싶다면?

너는 디지털 콘텐츠 강사야. **(ROLE)**
60대 이상 시니어를 대상으로 스마트폰 사진 촬영 기초를 가르쳐야 해. **(GOAL)**
3단계 수업 흐름으로 구성된 강의안을 표로 정리해줘. **(TASK)**
각 단계는 쉬운 용어로 구성하고, 500자 이내로 요약해. **(RULE)**
말투는 친절하고, 시니어 눈높이에 맞춰 설명해줘. **(TONE)**

## 4 실제 효과 : 연구로 증명된 프롬프트 기법들

| 기법 | 설명 | 효과 |
|---|---|---|
| 단계별 사고 유도 | "Step by step" 문구 삽입 | 정답률 +8% 향상 |
| 감정 강조 프롬프트 | "이건 내 경력에 매우 중요해요" | AI의 집중도 ↑ 정확도 ↑ |
| 검토 유도 문장 | "정답이 확실한가요? 다시 한번 검토해주세요" | 신중한 결과 도출 |

### 실전 프롬프트 예시 ①

● **상황 : 시니어 대상 스마트폰 카메라 강의를 준비할 때**

**ROLE :** 너는 시니어 디지털 교육 전문가야.
**GOAL :** 60세 이상 시니어를 대상으로 스마트폰 사진 촬영 기초를 가르치려 해.
**TASK :** 3단계 수업 흐름으로 구성된 강의안을 표로 만들어줘.
**RULE :** 각 단계는 300자 이내로 요약하고, 초등학생도 이해할 수 있을 만큼 쉽게 써줘.
**TONE :** 따뜻하고 친절한 말투로 설명해줘.

이건 나한테 정말 매우 중요한 거야.
심호흡하고 차분하게 단계별로 전문가스럽게 작성해줘.

### 실전 프롬프트 예시 ②

● **상황 : 블로그용 챗GPT 마케팅 콘텐츠를 만들 때**

**ROLE :** 너는 대한민국 최고의 네이버 블로그 마케팅 전문가야.
**GOAL :** 블로그 방문자에게 챗GPT 활용법을 매력적으로 소개해서 강의 문의를 유도해야 해.
**TASK :** C-RANK, D.I.A 로직, 스마트블록 구조를 적용한 마케팅 글을 1,500자 내외로 써줘.
**RULE :** 전문가다운 어조지만 친근함을 잃지 말고, 첫 문장은 시선을 끌 수 있게 시작해줘.
**TONE :** 마치 내가 실제로 써본 경험을 바탕으로 쓴 것처럼 자연스럽고 신뢰감 있게 작성해줘.

이건 나한테 정말 매우 중요한 거야.
심호흡하고 차분하게 단계별로 전문가스럽게 작성해줘.

# AI 제대로 활용하기

**실전 프롬프트 예시 ③**

● **상황 : 강의용 PPT 초안을 만들고 싶을 때**

**ROLE :** 너는 AI 활용 교육 전문 강사야.
**GOAL :** '디지털복지사 양성과정' 특강을 위한 PPT 초안을 만들려고 해.
**TASK :** 10페이지 분량의 슬라이드 제목과 각 슬라이드에 들어갈 핵심 내용을 항목별로 정리해줘.
**RULE :** 각 슬라이드는 제목 1줄, 핵심요점 3줄 이내로 작성하고, 학습자 수준은 디지털 초급자로 가정해.
**TONE :** 공공기관 교육에서도 사용할 수 있을 만큼 전문적이지만, 누구나 이해하기 쉽게 말해줘.

이건 나한테 정말 매우 중요한 거야.
심호흡하고 차분하게 단계별로 전문가스럽게 작성해줘.

## 5 감정 프롬프트를 활용하라

- 논문에서 검증된 "EmotionPrompt" 전략
- AI에게 문제의 **중요성이나 감정적 몰입**을 전달하면 **성능이 평균 8% 향상**됩니다.

● **예시 문장들**
 - "이건 내 경력에 매우 중요한 일이야."
 - "이 답이 정말로 정확한지 다시 한 번 검토해줘."
 - **"이건 나한테 정말 매우 중요한 거야. 심호흡하고 차분하게 단계별로 전문가스럽게 작성해줘."**

## 6 예시로 배우는 실전 프롬프트 작성

● **예시 ① 시니어 교육용 스마트폰 강의안 작성**

**ROLE :** 너는 시니어 디지털 교육 전문가야.
**GOAL :** 60세 이상 시니어에게 스마트폰 사진 촬영 기초를 가르칠 강의안을 만들고 싶어.
**TASK :** 수업 내용을 3단계로 나눠 표로 정리해줘.
**RULE :** 각 단계는 300자 이내로, 쉬운 말로 설명하고 초등학생도 이해할 수 있도록 작성해줘.
**TONE :** 따뜻하고 친근한 말투로 말해줘.

이건 나한테 정말 매우 중요한 거야.
심호흡하고 차분하게 단계별로 전문가스럽게 작성해줘.

### ● 예시 ② 강의 섭외 유도를 위한 블로그 글 작성

**ROLE :** 너는 대한민국 최고의 블로그 마케팅 전문가야.
**GOAL :** AI 강의 의뢰를 유도할 수 있는 포스팅을 작성하려고 해.
**TASK :** C-RANK, D.I.A 로직, 스마트블록 구조를 반영해 글을 1,500자 이내로 써줘.
**RULE :** 전문가다운 어조지만 너무 딱딱하지 않게, 첫 문장은 시선을 끌 수 있게 써줘.
**TONE :** 내가 실제로 강의해본 경험처럼 자연스럽고 신뢰감 있게 써줘.

이건 나한테 정말 매우 중요한 거야.
심호흡하고 차분하게 단계별로 전문가스럽게 작성해줘.

### ● 예시 ③ 강의 섭외 유도를 위한 블로그 글 작성

**ROLE :** 너는 AI 활용 교육 전문 강사야.
**GOAL :** 디지털복지사 자격과정 특강용 PPT를 만들고 싶어.
**TASK :** 총 10장의 슬라이드 제목과 각 슬라이드 핵심 요점을 항목별로 정리해줘.
**RULE :** 각 슬라이드는 제목 1줄, 핵심내용 3줄 이내로 작성하고, 학습자는 디지털 초급자로 가정해.
**TONE :** 전문적이면서도 쉽게 이해되도록 설명해줘.

이건 나한테 정말 매우 중요한 거야.
심호흡하고 차분하게 단계별로 전문가스럽게 작성해줘.

## 7 결론 : 질문이 곧 실력이다

- AI를 잘 쓰고 싶다면, 프롬프트를 구조화하라.
- **"로·고·타·루·톤"은 누구나 쉽게 따라할 수 있는 질문 전략**입니다.
- 디지털 콘텐츠 시대, 프롬프트는 새로운 문해력이고, AI와의 협업 능력은 미래 교육자와 리더의 핵심 역량입니다.

## AI 제대로 활용하기

### ● AI 챗GPT 고급음성 시작하기

ChatGPT 음성 모드는 모바일과 데스크탑에서 제공되며, [ 표준 음성 ]과 [ 고급 음성 ]으로 나뉩니다. 표준 음성은 모든 로그인 사용자에게 제공됩니다. 고급 음성은 Plus, Project, Team 사용자에게 제공되며, GPT-4o 기술을 기반으로 음성 간 직접 소통하고, 비디오·화면 공유·이미지 업로드를 지원합니다. 고급 음성의 일일 사용 시간은 약 45분~60분이며, 제한 종료 15분 전에 알림을 받은 후 표준 음성 모드로 전환됩니다. 무료 사용자는 매일 짧은 시간(약 3~15분) 고급 음성 모드를 미리 경험할 수 있습니다.

● 주요 기능
- 실시간 음성 대화가 가능하며, 텍스트 입력 없이 말로만 소통할 수 있습니다.
- 자연스러운 대화 흐름을 지원하며, 사용자가 말하는 도중에도 반응할 수 있습니다.
- 다양한 음성 톤과 감정 표현이 가능합니다.
- 여러 언어를 지원합니다.

  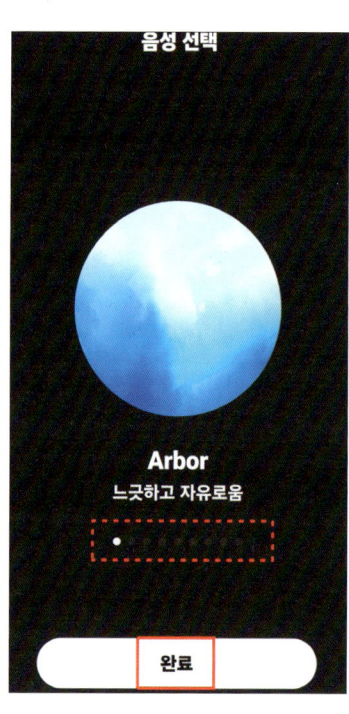

1 화면 우측에 있는 음성 아이콘이 [ 음성 모드 ]입니다. 음성 모드 설치 후 음성 아이콘을 터치합니다.
2 고급 음성 모드 살짝 들여다 보기가 화면에 보입니다. [ 여러 가지 목소리 ]는 사용자가 다양한 음성 옵션 중에서 선택할 수 있음을 의미합니다. ② [ 내게 딱 맞춘 기능 ]은 사용자가 원하는 어투나 톤 등을 설정할 수 있습니다. [ 사용자 제어 ]는 대화한 내용이 자동으로 오디오로 저장되며, 재생 및 삭제가 가능합니다. 다음 실행을 위해 [ 계속 ]을 터치합니다. 3 버튼을 좌우로 움직여 원하는 음성을 선택하고 [ 완료 ]를 터치합니다.

1️⃣ 중앙에 동그라미 모양 [ **음성 시각화** ]가 활성화되면 대화가 실행 중입니다. 왼쪽 하단에 [ **카메라** ]를 터치하면 화면에 보이는 영상으로 대화를 할 수 있습니다. 책 내용을 알려줘! 2️⃣ [ **마이크** ] 아이콘은 음성을 끄거나 켤 수 있습니다. 3️⃣ 대화를 중지합니다.

1️⃣ 우측 하단 음성 모드 아이콘을 터치 합니다.
2️⃣ ① 점 [ **점 3개** ]를 터치 합니다. ② [ **캡션 보이기** ]를 터치합니다. 3️⃣ 캡션 화면이 나타나서 대화내용이 화면에 자막으로 표시됩니다.

## AI 제대로 활용하기

1️⃣ ① 고급 음성 모드 활성화 화면에서 [ 점 3개 ]를 터치합니다.  ② [ 화면공유 ]를 터치합니다.
2️⃣ 화면 공유를 하기 위해 [ 시작 ]을 터치합니다. 3️⃣ 원하는 [ 앱 ]을 터치하여 전송합니다.

※ 점 3개를 터치 후 사진 업로드, 사진 촬영을 할 수 있습니다.

  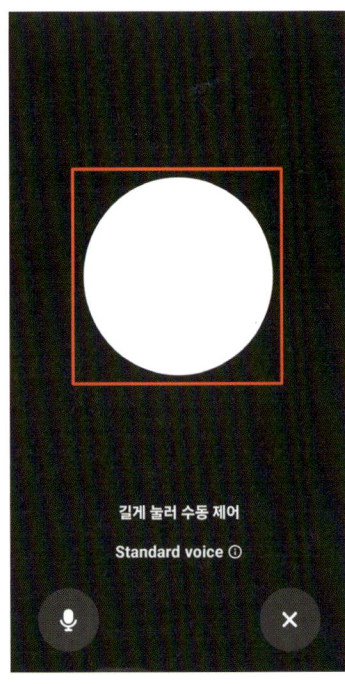

1️⃣ 고급 음성 모드는 유료 사용자에게 오픈되며, Plus 사용자의 경우 [ 하루에 45분 ] 사용할 수 있습니다. 사용 가능 시간이 15분 남았을 때 줄어드는 시간을 화면에서 확인할 수 있습니다. [ 일간 한도 도달 ]을 터치합니다. 2️⃣ [ 표준 음성으로 전환 ]을 터치합니다. 3️⃣ 표준 음성 모드로 전환된 것을 볼 수 있습니다.

※ 음성 시각화 파란색이 [ 흰색 ]으로 보이고, 영상 아이콘과 점 3개(더보기) 아이콘은 보이지 않습니다.

## Google Gemini (제미나이)

### 1 Gemini 설치하기

1 [ 구글 Play스토어 ]를 터치합니다. 2 검색창에 ① [ 제미나이 ]를 입력합니다. ② [ Google Gemini ]를 설치합니다. 3 Google Gemini 실행을 위해 [ 열기 ]를 터치합니다.

1 기존에 Google 어시스턴트를 사용하고 있었다면, Gemini로 전환해야 합니다. [ 전환 ]을 터치합니다.
2 [ 더보기 ]를 터치해서 Gemini의 주요 기능에 대한 정보를 확인합니다. 3 [ Gemini 사용하기 ]를 터치해서 Gemini 앱을 오픈합니다.

## AI 제대로 활용하기

### 2 Gemini 설정하기

**1** [ 프로필 사진 ]을 터치하여, 설정 페이지로 들어갑니다. **2** [ Gemini 앱 활동 ]을 터치합니다.
**3** ① [ 사용 중지 ]를 터치하여 [ 사용 ]으로 변경하면, Gemini와의 대화 기록이나 활동 기록이 저장되지 않습니다. ② Gemini [ 활동 기록의 자동 삭제 기간 ]도 변경할 수 있습니다.

**1** [ 앱 ]을 터치하면, 다양한 구글 서비스와 연동을 설정할 수 있습니다. **2** Gmail, 구글 캘린더, 구글 지도, 구글 항공편, 구글 호텔 등 원하는 [ 구글 서비스 ]를 활성화하면, Gemini가 개인화된 응답을 제공합니다.
**3** [ 설정 ]을 터치하면, Gemini의 음성과 언어를 변경할 수 있습니다.

## 3 카메라 사용 / 문자로 질문하기

  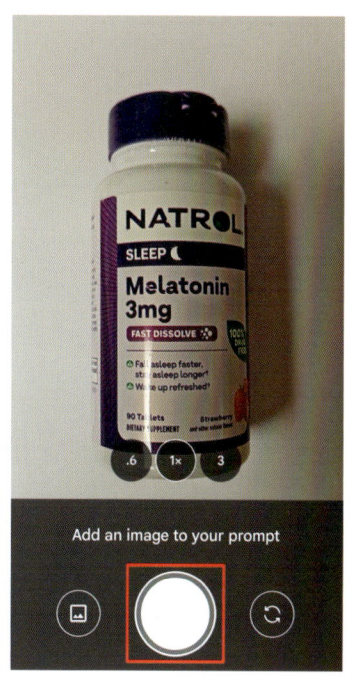

1 [ + ]을 터치하면, 갤러리나 스마트폰, 구글 Drive에서 필요한 자료를 첨부하여 Gemini에 질문할 수 있습니다. 2 직접 사진을 찍어서 질문하려면, [ 카메라 ]를 터치합니다. 3 [ 촬영 ] 버튼을 터치합니다.

1 [ 첨부하기 ]를 터치하여 사진을 첨부합니다. 2 ① [ 질문 ]을 적은 후, ② [ 종이비행기 ] 모양을 터치합니다. 3 Gemini의 답변을 아래로 스크롤 하여 확인합니다.

## AI 제대로 활용하기

### 4 갤러리 사진/음성으로 질문하기

  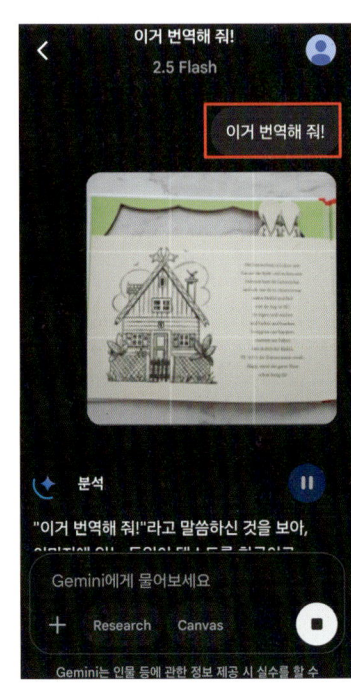

**1** [ 갤러리 ]를 터치합니다. **2** 원하는 사진을 첨부하고, [ 마이크 ]를 터치합니다.
**3** 음성으로 원하는 요청을 내리면, Gemini가 요청을 수행합니다.

**1** ① [ Research ]를 터치하고, ② 조사하고 싶은 연구주제를 입력합니다. **2** Gemini가 수립한 연구 계획을 검토한 후, [ 연구 시작 ]을 터치합니다. **3** Gemini가 해당 주제에 대한 연구 보고서를 완성하면 [ 열기 ]를 터치하여, 보고서를 확인합니다.

## 5 라이브로 Gemini와 대화하기

1 첫 화면에서 [ 라이브 ] 버튼을 터치합니다. 2 맨 왼쪽 하단에 있는 [ 실시간 라이브 ]를 터치하고, 스마트폰을 들어 주변 모습을 Gemini에게 보여줍니다.
3 Gemini에게 질문을 하면, 답변을 해줍니다.

1 라이브 화면에서 [ 화면공유 ]를 터치하면, 내 스마트폰 화면을 공유하여 Gemini에게 질문할 수 있습니다.
2 [ 화면공유 ]를 한 상태에서, 구글 지도 앱을 열어 호텔을 검색합니다.
3 Gemini에게 이 호텔에 대해 질문을 하면, 답변을 해줍니다.

## AI 제대로 활용하기

### 6 Gems(젬스) 기능 사용하기

1 첫 화면에서 상단에 있는 [ 박스 ] 버튼을 터치합니다. 2 ① [ 채팅 ]은 Gemini와의 대화 기록을 의미합니다. ② [ Gems ]는 특정 주제에 대해 반복적으로 질문하거나 도움을 받고 싶을 때 사용하는 맞춤형 Gemini입니다. 3 [ 내 Gems ]를 터치합니다.

1 [ 여기 ]를 터치하여, 새로운 Gem을 만듭니다. 2 새로운 Gem의 ① [ 이름 ]과 ② [ 요청 사항 ]을 입력하고 ③ [ 저장 ]을 누릅니다. 3 원하는 Gem을 선택하여 대화를 시작하고, 필요한 도움을 받습니다.

## 릴리스(Lilys) - 유튜브 및 사이트 요약하기

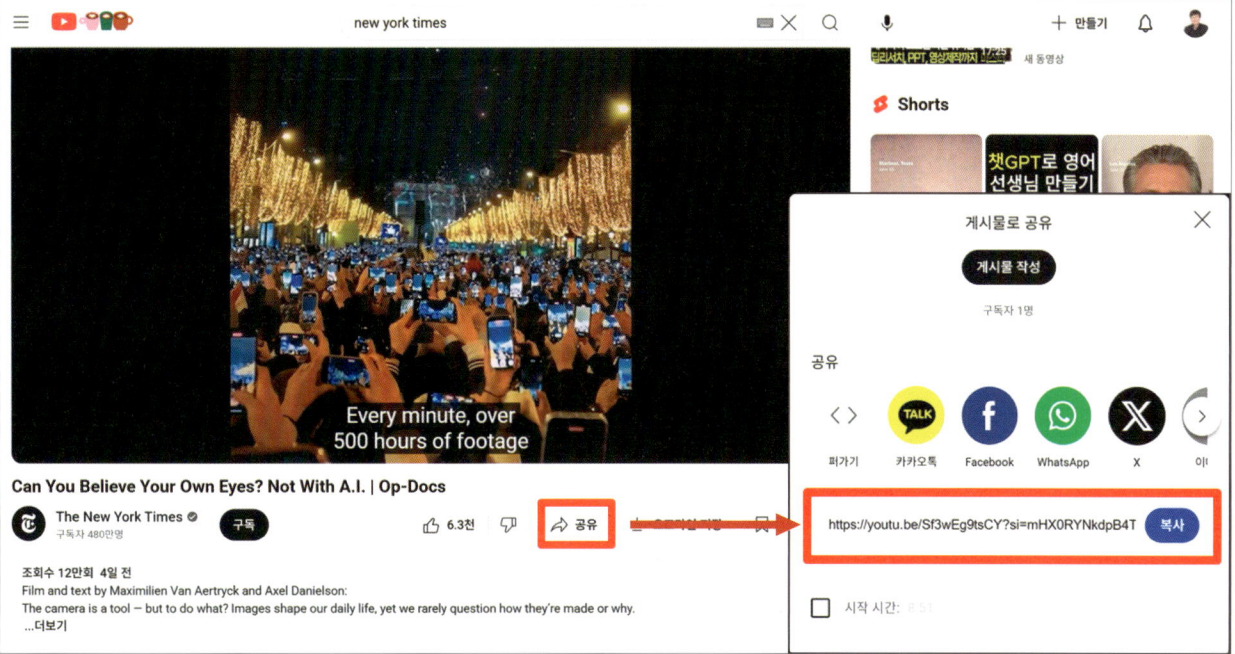

유튜브에서 요약하고 싶은 영상을 선택한 뒤, 영상 아래에 있는 [ 공유 ] 버튼을 클릭합니다. 오른쪽에 뜨는 창에서 표시된 링크를 확인하고 [ 복사 ] 버튼을 누릅니다. 복사한 링크는 문서나 카카오톡 등에 붙여넣어 쉽게 공유할 수 있습니다.

크롬 브라우저를 열고 [ 릴리스 ]를 검색하여 사이트에 접속합니다. ①번 입력창에 유튜브, 블로그, 뉴스 등 요약하고 싶은 링크를 붙여넣습니다. ②번 [ 업로드 ] 기능은 비디오, 오디오, 텍스트, PDF, 워드, PPT 같은 파일을 직접 올려서 요약할 수 있게 해줍니다. [ 실시간 녹음 ]은 음성 내용을 바로 받아 적고, 그 내용을 자동으로 요약해주는 기능이며, [ 긴 텍스트 ] 기능은 글이 길어도 복사해서 붙여넣기만 하면, 그 내용을 핵심만 간단히 정리해줍니다. 모든 준비가 끝났다면 ③번 [ 요약하기 ] 버튼을 클릭하면 요약 결과가 제공됩니다.

# AI 제대로 활용하기

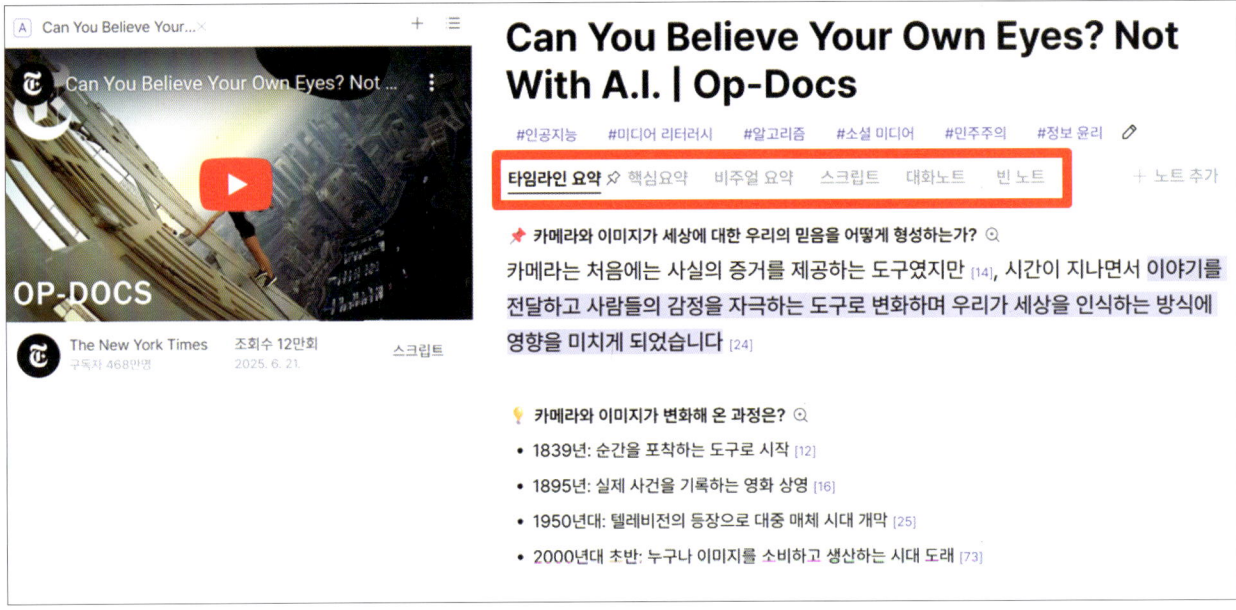

유튜브 영상을 다양한 방식으로 요약해 보여줍니다. 타임라인, 핵심, 비주얼, 스크립트 등 여러 요약 보기 옵션이 있습니다. 각 옵션은 시간순, 주제별, 대화형, 영상 요약 등 다양한 형식으로 내용을 정리해줍니다. 이를 통해 긴 영상을 빠르게 이해하고, 학습이나 정리에 효과적으로 활용할 수 있습니다.

1️⃣ 스마트폰에서 구글 앱이나 크롬 브라우저를 열고 [ 릴리스 ]를 검색하여 사이트에 접속합니다. 2️⃣ 릴리스 홈페이지에 들어가면, 가운데 입력창이 보입니다. 여기에 유튜브 영상, 블로그 글, 뉴스 기사 등의 링크를 붙여넣고 오른쪽 [ 노란색 버튼(→) ]을 누릅니다. 3️⃣ 영상의 요약 결과가 아래에 자동으로 표시됩니다. 타임라인 요약, 핵심 요약 등 다양한 방식으로 확인할 수 있으며, [ 내보내기 ] 버튼을 눌러 저장하거나 공유할 수 있습니다.

## AI 추천 사이트

## AI 도구 완벽 가이드 - 당신의 일상을 바꿀 13가지 혁신적인 AI 도구
❝ AI가 당신의 개인 비서, 연구원, 창작 파트너가 되는 시대가 왔습니다 ❞

### 검색과 연구의 새로운 패러다임

**퍼플렉시티 (Perplexity)**
"구글을 뛰어넘는 AI 검색의 혁명". 퍼플렉시티는 단순한 검색을 넘어 실시간 정보를 분석하고 종합하는 AI 연구원입니다. 복잡한 질문을 던지면 여러 출처를 종합해 정확한 답변과 함께 신뢰할 수 있는 레퍼런스를 제공합니다.

**젠스파크 (Genspark)**
"여러 AI의 힘을 하나로 모은 슈퍼 검색엔진". 젠스파크는 GPT, 클로드, 제미나이 등 다양한 AI 모델을 동시에 활용하는 혁신적인 'Mixture-of-Agents' 시스템을 도입했습니다. 하나의 검색으로 여러 AI의 장점을 모두 누릴 수 있어 무료로도 프리미엄 검색 경험을 제공합니다.

### 대화형 AI - 당신만의 지능형 파트너

**클로드 (Claude)**
"가장 인간적인 AI 어시스턴트". 클로드는 복잡한 추론과 창작에 특화된 AI로, 긴 문서 분석부터 창의적 글쓰기까지 놀라울 정도로 자연스럽고 정확한 대화를 제공합니다.

**구글 제미나이 (Gemini)**
"멀티모달의 제왕". 텍스트, 이미지, 음성, 동영상을 모두 이해하는 진정한 멀티모달 AI입니다. 사진을 보여주며 질문하거나, 동영상 내용을 분석하는 등 상상하지 못했던 방식으로 소통할 수 있습니다.

**그록 (Grok)**
"유머와 개성이 살아있는 AI". 일론 머스크의 xAI가 만든 그록은 위트 있고 직설적인 대화 스타일로 유명합니다. 실시간 X(트위터) 데이터 접근으로 최신 트렌드와 이슈에 가장 빠르게 반응합니다.

**코파일럿 (Copilot)**
"마이크로소프트의 업무 혁신". 윈도우와 오피스에 완벽하게 통합된 AI로, 일상 업무의 디지털 트랜스포메이션을 실현합니다. 워드, 엑셀, 파워포인트에서의 작업을 혁신적으로 개선합니다.

**네이버 클로바X & CUE**
"한국어에 최적화된 AI 듀오". 한국어 이해도가 뛰어나고 한국 문화와 정서를 반영한 진정한 K-AI입니다. 네이버 생태계와의 완벽한 연동으로 더욱 편리한 경험을 제공합니다.

# AI 추천 사이트

### 작업 자동화의 미래

### 마누스 (Manus)
"당신을 위해 일하는 AI 직원". 마누스는 단순한 챗봇이 아닌, 스스로 생각하고 행동하는 범용 AI 에이전트입니다. 복잡한 업무를 스스로 계획하고 도구를 사용해 자동화합니다. "제2의 딥시크"라 불리며 전 세계의 주목을 받고 있습니다.

### 지식 습득과 학습의 혁신

### 구글 노트북LM (Google NotebookLM)
"가장 인간적인 AI 어시스턴트". 클로드는 복잡한 추론과 창작에 특화된 AI로, 긴 문서 분석부터 창의적 글쓰기까지 놀라울 정도로 자연스럽고 정확한 대화를 제공합니다.

### 라이너 (Liner)
"웹 페이지 하이라이트의 진화". 웹서핑하며 중요한 내용을 형광펜으로 표시하듯, AI가 핵심 정보를 자동으로 추출하고 정리해줍니다. 리서치 효율성을 획기적으로 개선합니다.

### 릴리스 (Lilys)
"요약의 신, 학습의 혁명". 유튜브 영상, PDF, 웹사이트, 음성 등 어떤 자료든 완벽하게 요약하는 국내 1등 요약 AI입니다. 출시 6개월만에 누적사용자 15만명을 달성하며 폭발적 성장을 보이고 있습니다.

### 개발과 창작의 도구

### 구글 AI스튜디오 (Google AI Studio)
"AI 개발자를 위한 playground". 구글의 최신 AI 모델들을 무료로 테스트하고 개발할 수 있는 환경입니다. 프롬프트 엔지니어링부터 API 연동까지 AI 개발의 모든 것을 경험할 수 있습니다.

### 뤼튼 (wrtn)
"한국형 종합 AI 플랫폼". 챗봇, 이미지 생성, 번역, 요약 등을 하나의 플랫폼에서 해결할 수 있는 국산 AI 서비스입니다. 한국어에 특화된 다양한 기능으로 올인원 AI 경험을 제공합니다.

**Ai, 지금 시작해야 하는 이유**

- **생산성 폭등의 경험**
  반복적인 업무에서 벗어나 창의적인 작업에 집중함으로써 업무 효율이 3~5배까지 증가합니다.

- **미래 경쟁력 확보**
  AI 활용 능력은 필수 역량이 되었으며, 시작 시점에 따라 수십 년의 격차가 생길 수 있습니다.

- **개인 맞춤 AI 생태계 구축**
  상황에 따라 적합한 도구를 선택하고 조합하여 자신만의 AI 워크플로우를 만들 수 있습니다.